Goldberg
Prinz
Seitfudem

Professionell schreiben

Liebe Leser von „Professionell schreiben",

nach den aktuellen Gerichtsentscheiden sind Zeitplan und Inhalt der Rechtschreibreform, wie sie auch in diesem Buch beschrieben ist, in Frage gestellt. Da die Rechtschreibregeln aber nur einen Teil des Buchs ausmachen und wir als Verlag überzeugt sind, daß die Reform – vielleicht später und mit kleinen Nachbesserungen – unausbleiblich ist, haben wir beschlossen, das bereits gedruckte Buch zum geplanten Termin auszuliefern. Änderungen gegenüber den im Buch beschriebenen Rechtschreibregeln wollen wir Ihnen, wenn sie verabschiedet sind, über das Internet zugänglich machen unter:

http://www.publicis-mcd.de/verlag/

Vielleicht können wir mit den Erläuterungen im ersten Kapitel einen kleinen Beitrag dazu leisten, die gesamte Diskussion um die geänderten Schreibweisen zu versachlichen. Wir sehen die Reform grundsätzlich als Schritt in die richtige Richtung, Schreibweisen logischer zu machen und zu vereinfachen.

Erlangen/München, 1. August 1997

Publicis MCD Verlag

Professionell schreiben

Praktische Tip(p)s für alle, die Texte verfassen:
Rechtschreibung, Stilmittel, Layout, Arbeitstechniken
und vieles mehr

Alexander Goldberg
Franz Prinz
Dr. Gerhard Seitfudem

Publicis MCD Verlag

Die Deutsche Bibliothek - CIP-Einheitsaufnahme

Goldberg, Alexander:
Professionell schreiben : praktische Tips für alle, die Texte verfassen: Rechtschreibung, Stilmittel, Layout, Arbeitstechniken und vieles mehr / Alexander Goldberg ; Franz Prinz ; Gerhard Seitfudem. [Hrsg.: Siemens-Aktiengesellschaft, Berlin und München]. - Erlangen : Publicis-MCD-Verl., 1997
ISBN 3-89578-064-2

ISBN 3-89578-064-2

Herausgeber: Siemens Aktiengesellschaft, Berlin und München
Verlag: Publicis MCD Verlag, Erlangen und München

Printed in Germany

Vorwort

Gute Texte sind die Visitenkarte jedes Unternehmens. „Professionell schreiben“ gibt Ihnen eine Menge Tipps, die Sie nutzen können, wenn Sie Texte verfassen, egal ob Fachartikel, Dokumentationen, Angebote, Präsentationen oder Vertriebsunterlagen.

Fortschrittlichkeit dokumentiert sich nicht zuletzt auch durch die Sprache und die Schreibweise von Begriffen. Wer auf der Höhe der Zeit sein will, sollte sich daher der neuen Regeln bedienen. Dieses Buch enthält eine Zusammenfassung der wichtigsten neuen Regeln und ein alphabetisches Verzeichnis so gut wie aller Wörter des zentralen Wortschatzes, die anders geschrieben werden als früher („Wörterliste der geänderten Schreibungen“).

Der zweite wichtige Komplex des Buchs sind die allgemeinen Tipps für alle, die bei ihrer täglichen Arbeit Texte verfassen oder bearbeiten: MitarbeiterInnen in der technischen Dokumentation, VerfasserInnen von Fachbüchern, Fachaufsätzen, Angeboten, Rundschreiben, SekretariatsmitarbeiterInnen und natürlich auch diejenigen, die an ihrem PC Konzepte, Pressemitteilungen, Vorträge usw. entwickeln.

Das Buch enthält ein Kapitel mit den wichtigsten Korrekturzeichen, eine übersichtliche Liste von Word-Shortcuts, die Beschreibung der Abläufe bei der Buch- und Zeitschriftenherstellung, ein Kapitel über Seitengestaltung und Typographie, Informationen zur Textstrukturierung, zu richtigen Schreibweisen, zum Stil und zur Bild- und Tabellengestaltung, ein Kapitel über das Urheberrecht und eine Zusammenstellung nützlicher Arbeitstechniken.

Natürlich kann eine Veröffentlichung dieser Art nicht alle Themen in ganzer Ausführlichkeit darstellen; Handlichkeit und Übersichtlichkeit des Buchs würden drastisch darunter leiden. Wenn Sie also mehr zu den einzelnen Themen wissen wollen, informieren Sie sich, z.B. mit Hilfe der im Literaturverzeichnis angegebenen Publikationen. Und scheuen Sie sich nicht, die Wörterliste in Kap. 2 oder den Duden (bzw. das Pendant von Bertelsmann) zu befragen, wenn Sie sich über eine Schreibweise nicht sicher sind, das geht meistens schneller als intensives Nachdenken.

Informieren Sie uns bitte, wenn Sie Korrekturen oder Anregungen haben! Gute Ideen werden wir gerne für die nächste Auflage berücksichtigen. Unser Lektorat erreichen Sie unter der Mailadresse *publishing-editors@publicis-mcd.de.*

Aber nun genug der Einführung! Unser Autorenteam und der Verlag bedanken sich bei allen, die unsere Arbeit an dem Buch unterstützt haben, und wünschen Ihnen viel Spaß und Erfolg mit „Professionell schreiben"!

Erlangen/München, Juli 1997 Publicis MCD Verlag

Inhaltsverzeichnis

1 Die neue Rechtschreibung

Die Neuregelung der Rechtschreibung und Zeichensetzung der deutschen Sprache verfolgt das Ziel, mehr Systematik und Einfachheit in die Orthographie zu bringen, die Zahl der Ungereimtheiten und Zweifelsfälle deutlich zu verringern sowie den Sprachbenutzern klare Regeln anzubieten.

In diesem Kapitel sind die wesentlichen Neuerungen dargestellt. Wie bei allen Regelwerken zur Rechtschreibung sind auch hier Gliederung und Darstellung nicht ganz einfach. Wir haben versucht, die Inhalte der neuen Regeln so zu strukturieren und in der Reihenfolge ihrer Häufigkeit und Bedeutung „für den täglichen Bedarf“ anzuordnen, dass Sie möglichst schnell das finden, worüber Sie sich informieren möchten. Die Regeln sind durch Beispiele ergänzt, die Ihnen helfen sollen, sich gut in die neue Rechtschreibung einzufinden.

1.1 Verdopplung von Konsonanten nach kurzem Vokal, *ß*, *s*- und *z*-Laute, Dehnungen mit *h*, Umlaute

Verdopplung von Konsonanten nach kurzem Vokal

Auf kurze Vokale (Selbstlaute) folgen generell zwei Konsonanten (Mitlaute).

Bisher: *Tip, Karamel, numerieren ...*

Jetzt: *Tipp, Karamell, nummerieren ...*

(Ausnahmen bilden Wörter auf *-as*, *-is*, *-os*, *-us*: *Zeugnis, Atlas, Iris, Albatros, Globus*)

ß, *s*-Laute

Nach kurzen Vokalen ersetzt man *ß* jetzt durch ss.

Bisher: *daß, müssen - muß - hat gemußt*

Jetzt: *dass, müssen - muss - hat gemusst*

Nach langen Vokalen und nach Doppellauten bleibt das *ß* erhalten: *Maß, groß, draußen, reißen ...*

z-Laute

Entsprechend der bisherigen Schreibweise auf *-anz* oder *-enz* ist nun die Schreibung mit *z* die Hauptform, die Schreibweise mit t bleibt als Nebenform erhalten:

Jetzt (Hauptform): *Potenzial, differenziell, essenziell*

Jetzt (Nebenform): *Potential, differentiell, essentiell*

Die bisherige Form *plazieren* wird durch die Stammform zu *Platz* ersetzt:

Jetzt: *platzieren*

Dehnungen mit *h*

Das <h>, das im Schriftbild eine Dehnung anzeigt, wird in einigen Fällen aus Gründen der Regelmäßigkeit aufgegeben.

Bisher: *rauh, Känguruh...*

Jetzt: *rau (wie blau), Känguru (wie Gnu) ...*

Umlaute

Um bestimmte Wörter anderen Mitgliedern ihrer Wortfamilie anzugleichen, werden jetzt häufiger Umlaute gesetzt.

Bisher: *Quentchen, Stengel, einbleuen, ...*

Jetzt: *Quäntchen (wie Quantum), Stängel (wie Stange), einbläuen (wie blau), ...*

Entscheidend dabei ist, ob ein Wort *heute* einer Wortfamilie zugeordnet wird oder nicht. Dabei ergeben sich unter Umständen auch unterschiedliche Schreibweisen:

aufwendig (zu aufwenden) oder *aufwändig* (zu Aufwand), beides ist richtig.

1.2 Groß- und Kleinschreibung

Feste Fügungen aus Adjektiv und Substantiv

Bei festen Fügungen aus Adjekiv und Substantiv schreibt man das Adjektiv von nun an klein, falls es sich nicht um Eigennamen handelt:

schwarzes Brett, erste Hilfe, ...
aber
Heiliger Abend, Schwarzer Milan, ...

Ableitungen von Personennamen werden generell klein geschrieben:

ohmsches Gesetz

Bei besonderer Betonung der Grundform wird ein Name aber groß geschrieben. In solchen Fällen wird die Endung mit einem Apostroph abgesetzt:

Die Grimm'schen Märchen

Als Nomen gebrauchte Wörter

Adjektive (Eigenschaftswörter) *und* Partizipien (Formen wie „das Laufende") werden groß geschrieben, wenn sie die Funktion eines Nomens (Namenwortes) übernehmen und man ihnen einen Artikel (Begleiter) voranstellen kann.

Bisher: *im allgemeinen, im folgenden, im wesentlichen, das beste, des weiteren, den kürzeren ziehen, um ein beträchtliches, auf dem laufenden sein ... – der einzelne, bis ins einzelne, im einzelnen, der letzte, das mindeste*

Jetzt: *im Allgemeinen, im Folgenden, im Wesentlichen, das Beste, des Weiteren, den Kürzeren ziehen, um ein Beträchtliches, auf dem Laufenden sein ... – der Einzelne, bis ins Einzelne, im Einzelnen, der Letzte, das Mindeste*

Ausnahmen sind feste Fügungen wie: *von neuem, bis auf weiteres, ohne weiteres, seit längerem ...*

Die Wahl zwischen Groß- und Kleinschreibung hat man bei Wendungen wie dieser: *auf das S/schönste.*

Weiterhin kleingeschrieben werden: *viele, das viele, die vielen; wenige; das meiste; der andere; die einen und die anderen ...*

Paarformeln

Paarformeln zur Bezeichnung von Personen schreibt man groß:

Bisher: alt und jung

Jetzt: Alt und Jung

Farben und Sprachen

Alle mit einer Präposition (in, auf ...) verbundenen Farben und Sprachen schreibt man groß.

Bisher: auf deutsch, in englisch, in grün

Jetzt: auf Deutsch, in Englisch, in Grün

Zeitangaben

Bei Zeitangaben werden Nomen konsequenter als bisher groß-, Adverbien (Umstandswörter) konsequenter kleingeschrieben.

Bisher: *nächsten Dienstag abend, heute abend, Sonntag morgens ...*

Jetzt: *nächsten Dienstagabend, heute Abend, sonntagmorgens ...*

Zahlwörter und Altersangaben

Bei Zahlwörtern ist die bisher übliche Unterscheidung zwischen Rang- und Reihenfolge aufgehoben.

Bisher: *die achte (Kalenderwoche), der Achte (im Ziel) ...*

Jetzt: *grundsätzlich Großschreibung.*

Altersangaben schreibt man jetzt klein.

Bisher: *der Mensch über Achtzig*

Jetzt: *der Mensch über achtzig*

Verbindungen mit Mal/-mal

Auch bei Mal/-mal gilt der Trend zur Großschreibung und zur Vereinheitlichung.

Bisher: *das erste Mal, das erstemal*

Jetzt: *das erste Mal*

Du, ihr, Sie und *Ihr*

Die Pronomina (Fürwörter) *du* und *ihr* werden von nun an immer kleingeschrieben, die Höflichkeitsanreden *Sie* und *Ihr* aber weiterhin groß.

1.3 Zusammen- und Getrenntschreibung

In Zukunft gilt die Getrenntschreibung als der Normalfall.

Infinitiv + Verb
Partizip + Verb

Kombinationen aus Infinitiv (Grundform) und Verb (Zeitwort) bzw. aus Partizip und Verb sind grundsätzlich getrennt zu schreiben.

Bisher: *spazierengehen, kennenlernen, sitzenbleiben; gefangennehmen, verlorengehen ...*

Jetzt: *spazieren gehen, kennen lernen, sitzen bleiben; gefangen nehmen, verloren gehen ...,* ***aber:*** *das Spazierengehen ...*

Auch bei Nomen und Verb wird es einfacher: Solche Kombinationen werden nun generell getrennt geschrieben:

Nomen + Verb

Bisher: *Auto fahren, Ski fahren, radfahren, eislaufen ...*

Jetzt: *Auto fahren, Ski fahren, Rad fahren, Eis laufen ...,* ***aber:*** *das Autofahren ...*

1.4 Wortzusammensetzungen

Wenn in Wortkombinationen drei gleiche Buchstaben aufeinander folgen, schreibt man alle drei.

Drei aufeinanderfolgende gleiche Buchstaben

Bisher: *Schwallöten, Bettuch, Teei, Schiffahrt, Flußsand ...*

Jetzt: *Schwalllöten, Betttuch, Teeei, Schifffahrt, Flusssand ...*

Man kann solche zusammengesetzten Wörter (Komposita) auch durch Bindestriche teilen (was nicht unbedingt schöner ist).

Beim Substantivieren von auf *h* endenden Adjektiven durch Anhängen der Silbe *-heit* fällt nicht mehr ein *h* weg.

Nomen auf *-heit*

Bisher: *Roheit, Zäheit ...*

Jetzt: *Rohheit, Zähheit ...*

Aber: *Rauheit* (siehe Abschnitt 1.1)

Alle Zusammensetzungen mit *irgend* werden zusammengeschrieben: *irgendwer, irgendwo, irgendwie*

irgend, so viel(e), wie viel(e)

Zusammensetzungen mit *viel* schreibt man nun generell getrennt: *so viel, so viele, wie viel, wie viele*

Kombinationen aus Ziffern und Wörtern schreibt man jetzt mit Bindestrich.

Kombinationen aus Ziffern und Wörtern

Bisher: *100prozentig, 8jährig, 8tonner ...*

Jetzt: *100-prozentig, 8-jährig, 8-Tonner ...*

Bindestriche in Wortzusammensetzungen

Nicht nur unübersichtliche Wortzusammensetzungen mit mehr als drei Teilen, sondern auch kurze Zusammensetzungen darf man jetzt durch Bindestriche aufteilen.

Bei Fachtexten ist dies ein wichtiges Thema: Machen Sie nicht zu viele Bindestriche und schreiben sie so, wie es für Ihre Zielgruppe optimal ist. Bedenken Sie, dass Experten viele zusammengesetzte Wörter in einem Wort und ohne Bindestriche schreiben, weil es sich für sie um ganz alltägliche Begriffe handelt!

Bisher z.B.: *Arbeiter-Unfallversicherungsgesetz*

Jetzt auch: *Desktop-Publishing, Ballett-Truppe ...*

Anglizismen

Viele aus englischen Wörtern zusammengesetzte Begriffe werden nach den neuen Regeln in einem Wort geschrieben. Das entspricht auch dem Trend zur Vereinfachung der Rechtschreibregeln. Viele gute Autoren und Redakteure sind aber bei dieser Art von Begriffen ihrer Zeit immer ein bisschen voraus. Wenn Ihr Text von einem Redakteur bearbeitet wird, sollten Sie möglichst früh mit ihm vereinbaren, wie mit solchen Begriffen umzugehen ist.

Bisher: *Cash-flow, Common sense, Joint-venture*

Jetzt: *Cashflow, Commonsense* oder *Common Sense, Jointventure* oder *Joint Venture*

1.5 Worttrennung

st und *ck*

Kombinationen aus *st* und *ck* werden bei der Trennung nicht mehr als Sonderfälle behandelt.

Bisher: *Ki-ste, lä-stig; Bäk-ker, Hek-ke ...*

Jetzt: *Kis-te, läs-tig; Bä-cker, He-cke ...*

Abtrennung von Einzelbuchstaben

Beim Trennen darf es jetzt zur Abtrennung von Einzelbuchstaben kommen.

Bisher: *Eli-te, Rui-ne, Ofen*

Jetzt: *E-li-te, Ru-i-ne, O-fen*

Die Abtrennung von Einzelbuchstaben am Wortende ist zu vermeiden.

Heraus und ähnliche Wörter werden nicht mehr zwangsläufig nach ihren Wortbestandteilen getrennt; auch Trennung nach Sprechsilben ist möglich.

hinauf, herein, warum

Bisher: *hin-auf, her-ein, war-um ...*

Jetzt auch: *hi-nauf, he-rein, wa-rum ...*

Für das Trennen von Fremdwörtern gelten ähnliche Regeln wie für deutsche Wörter.

Trennung von Fremdwörtern

Bisher: *Chir-urg, Hekt-ar ...*

Jetzt auch: *Chi-rurg, Hek-tar ...*

1.6 Schreibweise von Fremdwörtern

Etliche Fremdwörter sind „eingedeutscht“ worden; es wird zwischen bevorzugter und erlaubter Schreibung unterschieden. Bei Unsicherheit sollten Sie die Wörterliste in Kapitel 2 befragen.

Bisher	**Jetzt**
ai	*ai* oder *ä*
c	*c* oder *ss*
ch	*ch* oder *sch*
é oder ée	*é/ée* oder *ee*
gh	*gh* oder *g*
ou	*ou* oder *u*
ph	*ph* oder *f*
qu	*k*
rh	*rh* oder *r*
th	*th* oder *t*

Jetzt: Facette, auch Fassette; Orthographie, auch Ortografie; Exposee, auch Exposé; Portmonee, auch Portemonnaie

Beispiele

1.7 Die neuen Kommaregeln

Generell gilt: Die Kommaregeln werden weniger kompliziert und streng. Sie als Schreibender haben häufiger als bisher die Möglichkeit zu entscheiden, ob das Setzen von Kommas Ihren Text verständlicher macht.

Bedenken Sie: In vielen Fällen ist es zweckmäßig, ein Komma zu setzen, um die Satzstruktur zu verdeutlichen. Das sollte man aber nicht übertreiben.

Komma zwischen zwei Hauptsätzen

Zwischen zwei Hauptsätzen, die durch *und* bzw. *oder* verbunden sind, soll kein Komma mehr stehen:

Jetzt: *Sie arbeitete am PC und er putzte die Küche.*

Wenn der Satz dadurch verständlicher wird oder eine besondere Betonung erwünscht ist, kann man aber nach wie vor ein Komma setzen:

Nach wie vor möglich: *Sie arbeitete am PC, und er putzte die Küche.*

Komma bei Infinitiv- und Partizipgruppen

Das Komma bei Infinitiv- und Partizipgruppen muss nur noch in bestimmten Fällen gesetzt werden. In gut lesbaren Texten sind solche Konstruktionen aber äußerst selten, so dass diese Regeln für die Praxis kaum von Bedeutung sind. Ein Komma steht,

- wenn diese Gruppen zwischen Subjekt und Prädikat treten: *Sie, um schnell nach Hause zu kommen, nahm ein Taxi.* (Aber: *Sie nahm ein Taxi(,) um schnell nach Hause zu kommen.* Hier kann, muss aber kein Komma stehen.)
- wenn sie angekündigt werden: *Er dachte nicht daran, auf seinen Chef zu hören.*
- wenn nachträglich auf sie Bezug genommen wird: *Den Vertrag zu ändern, daran dachte sie nicht.*
- wenn die Partizipgruppe nachgestellt wird: *Er rief den Arzt, von Schmerzen geplagt.*

2 Wörterliste der geänderten Schreibungen

alte Schreibung	neue Schreibung
A	
abend/Abend	
gestern/heute/morgen abend	gestern/heute/morgen Abend
Dienstag abend	Dienstagabend *vgl. dort*
abends	
Dienstag abends	dienstagabends
aberhundert[e]/Aberhundert[e]	
aberhundert *(viele hundert)* [Sterne]	aberhundert/Aberhundert [Sterne]
[hundert und] aber *(wiederum)* hundert [Sterne]	[hundert/Hundert und] aberhundert/Aberhundert [Sterne]
Aberhunderte *(viele Hunderte)* [Sterne]	aberhunderte/Aberhunderte [Sterne]
[Hunderte und] aber *(wiederum)* Hunderte [Sterne]	aberhunderte/Aberhunderte [Sterne]
abertausend[e]/Abertausend[e]	
vgl. aberhundert[e]/Aberhundert[e]	
Abszeß	**Abszess**
abscheuerregend	**Abscheu erregend**
abwärtsgehen *(schlechter werden)*	**abwärts gehen**
Ach-Laut	**Achlaut/Ach-Laut**
acht/Acht *(Aufmerksamkeit)*	
acht geben	Acht geben
acht haben	Acht haben
in acht nehmen	in Acht nehmen
außer acht lassen	außer Acht lassen
acht-/Acht- *(8)*	
achtmal	achtmal/*(bei besonderer Betonung:)* acht Mal
(bei Schreibung mit Ziffer:) 8mal	8-mal/*(bei besonderer Betonung:)* 8 Mal
8jährig	8-jährig
8prozentig	8-prozentig
8seitig	8-seitig

alte Schreibung	neue Schreibung
der/die 8jährige	der/die 8-Jährige
8achser, 8tonner, 8zylinder …	8-Achser, 8-Tonner, 8-Zylinder …
achte/Achte	
der/die/das achte	der/die/das Achte
achtzig/Achtzig	
Mitte [der] Achtzig	Mitte [der] achtzig
in die Achtzig [kommen]	in die achtzig [kommen]
mit Achtzig/achtzig [Jahren]	mit achtzig [Jahren]
[ein Mensch] über Achtzig/achtzig	[ein Mensch] über achtzig
achtziger Jahre	**achtziger Jahre/Achtzigerjahre**
(in Ziffern:) 80er Jahre	80er Jahre/80er-Jahre
ackerbautreibend	**Ackerbau treibend**
ade/Ade	
jemandem ade sagen	jemandem Ade/ade sagen
adieu/Adieu	
jemandem adieu sagen	jemandem Adieu/adieu sagen
Adreßbuch	**Adressbuch**
afro-amerikanisch	**afroamerikanisch**
(Afrika und Amerika betreffend)	
Afro-Look	**Afrolook**
After-shave	**Aftershave**
After-shave-Lotion	**Aftershavelotion,** *auch* **After-Shave-Lotion**
ähnliches *(solches)*	**Ähnliches**
und ähnliches (*Abk.:* u.ä.)	und Ähnliches (*Abk.:* u.Ä.)
Air-conditioner	**Airconditioner**
alleinerziehend	**allein erziehend**
der/die Alleinerziehende	der/die allein Erziehende/Alleinerziehende
alleinstehend	**allein stehend**
vgl. alleinerziehend	
allerbeste/Allerbeste	
das allerbeste	das Allerbeste
es ist das allerbeste *(sehr gut)*, daß …	es ist das Allerbeste, dass …
allerletzte/Allerletzte	
das allerletzte	das Allerletzte
es ist das allerletzte *(sehr schlecht)*, daß …	es ist das Allerletzte, dass …
alles/Alles	
alles einzelne	alles Einzelne
mein ein und [mein] alles	mein Ein und [mein] Alles
allgemein	
im allgemeinen *(gewöhnlich)*	im Allgemeinen
allgemeinbildend	**allgemein bildend**

alte Schreibung	neue Schreibung
allgemeinverständlich	**allgemein verständlich**
Alptraum	**Alptraum/Albtraum**
Alma mater	**Alma Mater**
als einziges	**als Einziges**
als erstes *(zuerst)*	**als Erstes**
als letztes *(zuletzt)*	**als Letztes**
als nächstes *(darauf)*	**als Nächstes**
alt/Alt	
alt und jung *(jedermann)*	Alt und Jung
[ganz] der/die/das alte	[ganz] der/die/das Alte
die alten [sein/bleiben]	die Alten [sein/bleiben]
es beim alten [bleiben] lassen	es beim Alten [bleiben] lassen
am alten hängen	am Alten hängen
am ersten *(zuerst)*	**am Ersten**
Amboß	**Amboss**
am letzten *(zuletzt)*	**am Letzten**
an [Eides …] Statt	**an [Eides …] statt**
anderes/Anderes	
etwas anderes	etwas anderes/Anderes
andersdenkend	**anders denkend**
der/die Andersdenkende	der/die anders Denkende/Andersdenkende
aneinanderfügen *(wenn „aneinander" den Vorgang nur näher bezeichnet)*	**aneinander fügen**/grenzen/legen/reihen …
Anglo-Amerikaner *(Sammelname für Engländer und Amerikaner)*	**Angloamerikaner**
angst/Angst	
jemandem angst [und bange] machen	jemandem Angst [und Bange] machen
Anlaß	**Anlass**
Anschluß	**Anschluss**
Anschlußstrecke …	Anschlussstrecke …
arabisch/Arabisch	
vgl. deutsch/Deutsch	
arg/Arg	
im argen liegen	im Argen liegen
arm und reich *(jedermann)*	**Arm und Reich**
Art-director	**Artdirector**
As	**Ass**
auf das/aufs beste	**auf das/aufs beste/Beste**
auf das/aufs genaueste	**auf das/aufs genaueste/Genaueste**
auf das/aufs gleiche [hinauskommen]	**auf das/aufs Gleiche** [hinauskommen]

alte Schreibung	neue Schreibung
auf das/aufs gröbste	**auf das/aufs gröbste/Gröbste**
auf das/aufs herzlichste	**auf das/aufs herzlichste/Herzlichste**
auf das/aufs höchste	**auf das/aufs höchste/Höchste**
auf das/aufs schlimmste [zugerichtet werden]	**auf das/aufs schlimmste/Schlimmste** [zugerichtet werden] (*aber nur:* auf das/aufs Schlimmste gefasst sein)
auf das/aufs schrecklichste [zugerichtet werden]	**auf das/aufs schrecklichste/Schrecklichste** [zugerichtet werden] (*aber nur:* auf das/aufs Schrecklichste gefasst sein)
auf dem laufenden [sein]	**auf dem Laufenden** [sein]
auf dem trock[e]nen sitzen *(in finanzieller Verlegenheit sein)/* sein *(festsitzen)*	**auf dem Trock[e]nen** sitzen/sein
aufeinanderbeißen	**aufeinander beißen**/liegen/prallen/sitzen/stapeln/stoßen ...
aufsehenerregend	**Aufsehen erregend**
aufsichtführend der/die Aufsichtführende	**Aufsicht führend** der/die Aufsicht Führende/Aufsichtführende
aufs neue	**aufs Neue**
auf seiten	**auf Seiten/aufseiten**
aufwendig	**aufwändig/aufwendig**
aufwärtsgehen *(besser werden)*	**aufwärts gehen**/steigen/streben ...
auf Wiedersehen/Auf Wiedersehen jemandem auf Wiedersehen sagen	 jemandem Auf Wiedersehen/auf Wiedersehen sagen
Au-pair-Mädchen Au-pair-Stelle	**Aupairmädchen,** *auch* **Au-pair-Mädchen** Aupairstelle, *auch* Au-pair-Stelle
auseinandergehen *(sich trennen)*	**auseinander gehen**
auseinandersetzen *(jemandem etwas erklären)*	**auseinander setzen**/leben/nehmen/ziehen ...
Ausschluß	**Ausschluss**
Ausschuß	**Ausschuss**
außer acht [lassen]	**außer Acht** [lassen]
äußerst auf das/aufs äußerste bis zum äußersten	 auf das/aufs äußerste/Äußerste bis zum Äußersten
außerstand [setzen] außerstande [sein]	**außer Stand/außerstand** [setzen] außer Stande/außerstande [sein]
auswärtsgehen/auswärtslaufen *(mit auswärts gerichteten Füßen gehen/laufen)*	**auswärts gehen/laufen ...**

alte Schreibung	neue Schreibung
B	
Ballettänzer	**Balletttänzer**
bange/Bange	
jemandem [angst und] bange machen	jemandem [Angst und] Bange machen
bankrott gehen	**[in den] Bankrott gehen**
baß [erstaunt sein]	**bass** [erstaunt sein]
Baß	**Bass**
Baßstimme	Bassstimme
Beat generation	**Beatgeneration**
bedeutend	
um ein bedeutendes [größer …]	um ein Bedeutendes [größer …]
behende	**behände**
beieinandersein *(bei Verstand sein)*	**beieinander sein**/bleiben/haben/ hocken/stehen …
beifallspendend	**Beifall spendend**
beisammensein *(bei Verstand/guter Gesundheit sein)*	**beisammen sein**
bekanntgeben *(eine Nachricht)*	**bekannt geben**/machen/werden …
belemmert	**belämmert**
beliebig	
alles/jede[r] beliebige	alles/jede[r] Beliebige
Bendel	**Bändel**
besonders	
im besonderen	im Besonderen
besorgniserregend	**Besorgnis erregend**
etwas Besorgniserregendes	etwas Besorgnis Erregendes/ Besorgniserregendes
besser/beste	
bessergehen *(sich wohler befinden)*	besser gehen/stellen …
der/die/das Beßre	der/die/das Bessre
eine Wendung zum Beßren	eine Wendung zum Bessren
eines Beßren belehren	eines Bessren belehren
sich eines Beßren besinnen	sich eines Bessren besinnen
das beste sein *(am besten sein)*	das Beste sein
es ist das beste, wenn/daß …	es ist das Beste, wenn/dass …
auf das/aufs beste	auf das/aufs beste/Beste
der/die/das erste/nächste beste	der/die/das erste/nächste Beste
zum besten geben/haben/ halten/stehen	zum Besten geben/haben/ halten/stehen
bestgehaßt	**bestgehasst**
bestehenbleiben	**bestehen bleiben**/lassen

alte Schreibung	neue Schreibung
beträchtlich	
um ein beträchtliches *(sehr viel)* [größer …]	um ein Beträchtliches [größer …]
bewußt	**bewusst**
Bewußtsein	Bewusstsein
bewußtmachen *(ins Bewußtsein rufen)*	**bewusst machen**/werden
bezug/Bezug	
in bezug [auf]	in Bezug [auf]
Bibliographie	**Bibliografie**, *auch* **Bibliographie**
bibliographisch	bibliografisch, *auch* bibliographisch
Big Band	**Bigband**, *auch* **Big Band**
Big Business	**Bigbusiness**, *auch* **Big Business**
Biographie	**Biografie**, *auch* **Biographie**
biographisch	biografisch, *auch* biographisch
bisherig	
im bisherigen	im Bisherigen
biß (*zu* beißen)	**biss**
Biß (*zu* beißen)	Biss
Bißchen *(kleiner Biß)*	Bisschen
[ein] bißchen *(wenig)*	**[ein] bisschen**
dieses [kleine] bißchen	dieses [kleine] bisschen
bis zum äußersten	**bis zum Äußersten**
bis zum letzten *(sehr)*	**bis zum Letzten**
Blackbox	**Blackbox**, *auch* **Black Box**
Blackout	**Black-out**, *auch* **Blackout**
Black Power	**Blackpower**, *auch* **Black Power**
blankpoliert	**blank poliert**/geschrubbt …
blaß	**blass**
Blaßheit	Blassheit
blau	
blaugestreift	**blau gestreift**
blau-grau *(blau und grau) usw.*	**blaugrau/blau-grau** *usw.*
der blaue Planet *(die Erde)*	der Blaue Planet
bläulichgrün	**bläulich grün**/schwarz …
bleibenlassen	**bleiben lassen**
blendendweiß	**blendend weiß**
Bläßhuhn/Bleßhuhn	**Blässhuhn/Blesshuhn**
blondgelockt	**blond gelockt**
Bluejeans/Blue jeans	**Bluejeans**, *auch* **Blue Jeans**
blutsaugend	**Blut saugend**
Boat people	**Boatpeople**
Bonbonniere	**Bonbonniere**, *auch* **Bonboniere**
Boß	**Boss**
Bottle-Party	**Bottleparty**
Bouclé	**Bouclé**, *auch* **Buklee**

alte Schreibung	neue Schreibung
Brain-Drain	**Braindrain**
Brain-Trust	Braintrust
braun *usw. vgl.* blau *usw.*	
bravo/Bravo	
bravo rufen	Bravo/bravo rufen
Bravour	**Bravour**, *auch* **Bravur**
breit	
breitgefächert	**breit gefächert**/gewachsen ...
breitmachen	breit machen/treten (*aber:* breitschlagen *(überreden)*/ breittreten *(zerreden))*
des langen und breiten	des Langen und Breiten
Brennessel	**Brennnessel**
buntgestreift	**bunt gestreift**/gefleckt ...
Busineß	**Business**

C

alte Schreibung	neue Schreibung
Cashewnuß	**Cashewnuss**
Cash-flow	**Cashflow**
Centre Court	**Centrecourt**, *auch* **Centre-Court**
Čevapčići	**Cevapcici/Čevapčići**
Chansonnier	**Chansonnier,** *auch* **Chansonier**
Château	**Chateau/Château**
Chewing-gum	**Chewinggum**
Chicorée	**Chicorée,** *auch* **Schikoree**
Choreograph	**Choreograf,** *auch* **Choreograph**
Choreographie	Choreografie, *auch* Choreographie
Cleverneß	**Cleverness**
Comeback	**Come-back,** *auch* **Comeback**
Comic strip	**Comicstrip**
Common sense	**Commonsense,** *auch* **Common Sense**
Compact Disc	**Compactdisc,** *auch* **Compact Disc**
Cool Jazz	**Cooljazz,** *auch* **Cool Jazz**
Corned beef	**Cornedbeef,** *auch* **Corned Beef**
Countdown	**Count-down,** *auch* **Countdown**
Countess/Counteß	**Countess**
Country-music	**Countrymusic**
Creme/Krem	**Creme,** *auch* **Krem/Kreme**
Crêpe *(Eierkuchen)*	**Krepp,** *auch* **Crêpe**
Csárdás/Tschardasch	**Csardas/Csárdás**

alte Schreibung	neue Schreibung
D	
Daddys/Daddies (*Plural von* Daddy)	**Daddys**
dasein	**da sein**
dabeisein	**dabei sein**
dahinterklemmen *(mit Nachdruck betreiben)*	**dahinter klemmen**/knien/kommen/stecken/stehen
dänisch/Dänisch *vgl.* deutsch/Deutsch	
darinbleiben	**darin bleiben**/sitzen/stecken …
darüberfahren *(über etwas streichen)*	**darüber fahren**/machen/schreiben/stehen
daß	**dass**
daß-Satz	dass-Satz/Dasssatz
davorhängen	**davor hängen**/liegen/schieben/stehen/stellen …
dein/Dein *vgl. auch* du/Du *usw.*	
das Deine	das Deine/deine
das Deinige	das Deinige/deinige
die Deinen	die Deinen/deinen
die Deinigen	die Deinigen/deinigen
mein und dein [nicht] unterscheiden	Mein und Dein [nicht] unterscheiden
ein Streit über mein und dein	ein Streit über Mein und Dein
deiner/Deiner *vgl.* du/Du *usw.*	
Dekolleté	**Dekolletee**, *auch* **Dekolleté**
Delphin	**Delphin**, *auch* **Delfin**
derartiges	**[etwas] Derartiges**
Desktop publishing	**Desktoppublishing**, *auch* **Desktop-Publishing**
dessenungeachtet	**dessen ungeachtet**
deutsch/Deutsch	
in deutsch/Deutsch	in Deutsch
auf [gut] deutsch	auf [gut] Deutsch
der deutsche Schäferhund	der Deutsche Schäferhund
Diarrhö/Diarrhoe	**Diarrhö**
diät leben/kochen …	**Diät leben**/kochen …
dich/Dich *vgl.* du/Du *usw.*	
dichtbehaart	**dicht behaart**/bewaldet/gedrängt …
Dienstag abend/Dienstagabend	
am Dienstag abend	am Dienstagabend
an diesem/an jedem Dienstag abend	an diesem/an jedem Dienstagabend
diesen/jeden Dienstag abend	diesen/jeden Dienstagabend

alte Schreibung	neue Schreibung
Dienstag abends	**dienstagabends**
Differential	**Differenzial**, *auch* **Differential**
differential/differentiell	differenzial/differenziell, *auch* differential/differentiell
Diktaphon	**Diktaphon**, *auch* **Diktafon**
Dining-room	**Diningroom**
dir/Dir *vgl.* du/Du *usw.*	
Donnerstag *usw. vgl.* Dienstag *usw.*	
doppeltwirkend	**doppelt wirkend**
dortzulande	**dortzulande/dort zu Lande**
Drapé	**Drapé**, *auch* **Drapee**
drei *usw. vgl.* acht *usw.*	
dreißig *usw. vgl.* achtzig *usw.*	
Dreß	**Dress**
dritte/Dritte	
der/die/das dritte [von dreien]	der/die/das Dritte
jeder dritte	jeder Dritte
die dritte Welt	die Dritte Welt
Dritteil	**Drittteil** (*aber:* Drittel)
du/Du	
Du, Dein, Deiner, Dir, Dich *(in der Anrede)*	du, dein, deiner, dir, dich
auf du und du	auf Du und Du
Dummys/Dummies (*Plural von* Dummy)	**Dummys**
dunkel	
im dunkeln tappen *(nicht Bescheid wissen)*	im Dunkeln tappen
dünnbesiedelt	**dünn besiedelt**/bevölkert …
durcheinanderbringen	**durcheinander bringen**/reden …
Duty-free-Shop	**Dutyfreeshop**, *auch* **Duty-free-Shop**
Dutzende	**Dutzende/dutzende**

E

Easy-rider	**Easyrider**
ebensogut	**ebenso gut**/sehr …
Eid	
an Eides Statt	an Eides statt
eigen/Eigen	
sein eigen nennen	sein Eigen nennen
zu eigen geben/machen	zu Eigen geben/machen
einbleuen	**einbläuen**

alte Schreibung	neue Schreibung
einfachste/Einfachste	
das einfachste sein	das Einfachste sein
es ist das einfachste, wenn …	es ist das Einfachste, wenn …
auf das/aufs einfachste	auf das/aufs einfachste/Einfachste
einmal	**einmal**/(*bei besonderer Betonung*:) **ein Mal**
eins *usw. vgl.* acht *usw.*	
einwärtsbiegen	**einwärts biegen**/gehen …
einzelne/Einzelne	
der/die/das einzelne	der/die/das Einzelne
einzelne[s]	Einzelne[s]
jede[r] einzelne	jede[r] Einzelne
[bis] ins einzelne	[bis] ins Einzelne
im einzelnen	im Einzelnen
alles einzelne	alles Einzelne
einzelnstehend	**einzeln stehend**
einzig	
der/die/das einzige	der/die/das Einzige
[nicht] ein/kein einziger	[nicht] ein/kein Einziger
als einziges	als Einziges
eisenverarbeitend	**Eisen verarbeitend**
eisigkalt	**eisig kalt**
die eisigkalten Tage	die eisig kalten Tage
eislaufen	**Eis laufen**
ich laufe eis, bin eisgelaufen	ich laufe Eis, bin Eis gelaufen
eislaufend	Eis laufend
eis- und Ski laufen	Eis und Ski laufen
Ski und eislaufen	Ski und Eis laufen
ekelerregend	**Ekel erregend**
elf *usw. vgl.* acht *usw.*	
engbefreundet	**eng befreundet**/bedruckt/verwandt…
die engbefreundeten Kinder	die eng befreundeten Kinder
entfernt	
nicht im entferntesten	nicht im Entferntesten
entläßt (*zu* entlassen)	**entlässt**
entschloß (*zu* entschließen)	**entschloss**
Entschluß (*zu* entschließen)	**Entschluss**
entweder … oder	
das Entweder-Oder	das Entweder-oder
ernstgemeint	**ernst gemeint**
ernstzunehmend	**ernst zu nehmend**
erste/Erste	
der/die/das erste *(der Reihe nach)*	der/die/das Erste
der/die/das erste beste	der/die/das erste Beste
als erstes *(zuerst)*	als Erstes

alte Schreibung	neue Schreibung
fürs erste	fürs Erste
der/die/das erstere	der/die/das Erstere
ersteres	Ersteres
die Erste Hilfe	die erste Hilfe
der erste/Erste Weltkrieg	der Erste Weltkrieg
Erstkläßler	**Erstklässler**
eßbar	**essbar**
Eßkultur, eßlustig …	Esskultur, esslustig …
eßt (*zu* essen) *vgl.* ißt	
essentiell	**essenziell**, *auch* **essentiell**
Ethnographie	**Ethnographie**, *auch* **Ethnografie**
euch/Euch *usw. vgl.* ihr/Ihr *usw.*	
euer/Euer *usw. vgl.* ihr/Ihr *usw.*	
die Euren	die euren/Euren
die Eurigen	die eurigen/Eurigen
das Eure	das eure/Eure
das Eurige	das eurige/Eurige
Eurhythmie	**Eurhythmie,** *auch* **Eurythmie**
Existentialismus	**Existenzialismus,** *auch* **Existentialismus**
Existentialphilosophie	Existenzialphilosophie, *auch* Existentialphilosophie
existentiell	existenziell, *auch* existentiell
Exposé	**Exposee,** *auch* **Exposé**
expreß	**express**
Expreß	Express
Exzeß	**Exzess**

F

alte Schreibung	neue Schreibung
Facette	**Facette,** *auch* **Fassette**
fahrenlassen *(loslassen, aufgeben)*	**fahren lassen**
Fairneß	**Fairness**
Fair play	**Fairplay**, *auch* **Fair Play**
fallenlassen *(aufgeben)*	**fallen lassen**
Fallout	**Fall-out**, *auch* **Fallout**
falschliegen *(sich falsch verhalten)*	**falsch liegen**/schreiben/spielen …
Faß	**Fass**
faßte, gefaßt (*zu* fassen)	**fasste, gefasst**
faß! faßt!	fass! fasst!
Fast food	**Fastfood**, *auch* **Fast Food**
Feedback	**Feed-back**, *auch* **Feedback**
feinmachen *(schön anziehen)*	**fein machen**

alte Schreibung	neue Schreibung
feind/Feind	
jemandem feind bleiben/sein/ werden	jemandem Feind bleiben/sein/ werden
fernliegen	**fern liegen**/stehen …
fernliegend	**fern liegend** (*aber:* fernbleiben *(nicht teilnehmen),* fernsehen)
fertigbringen *(vollbringen)*	**fertig bringen**/bekommen/stellen …
fettgedruckt	**fett gedruckt**
feuerspeiend	**Feuer speiend**
finnisch/Finnisch	
vgl. deutsch/Deutsch	
finster	
im finstern tappen (*nicht Bescheid wissen)*	im Finstern tappen
Fitneß	**Fitness**
flämisch/Flämisch	
vgl. deutsch/Deutsch	
fleischfressend	**Fleisch fressend**/verarbeitend …
Floppy disk	**Floppydisk**, *auch* **Floppy Disk**
floß (*zu* fließen)	**floss**
Fluß	**Fluss**
flußab[wärts], flußauf[wärts]	flussab[wärts], flussauf[wärts]
flüssigmachen *([Geld] verfügbar machen)*	**flüssig machen**
Fön *(Haartrockner)*	**Föhn** *(als Warenzeichen weiterhin* **Fön***)*
folgend	
folgendes *(dieses)*	Folgendes
das folgende *(dieses)*	das Folgende
der folgende *(der Reihe nach)*	der Folgende
im folgenden *(weiter unten)*	im Folgenden
in folgendem *(weiter unten)*	in Folgendem
durch folgendes *(dieses)*	durch Folgendes
mit folgendem *(diesem)*	mit Folgendem
von folgendem *(diesem)*	von Folgendem
alle folgenden *(anderen)*	alle Folgenden
Foto/Photo	**Foto**
	Fotoalbum, Fotofinish, Fotografik, Fotokopie, Fotomontage, Fotothek
fotogen/photogen	**fotogen,** *auch* **photogen**
Fotografie/Photographie	**Fotografie,** *auch* **Photographie**
fotografieren/photographieren	**fotografieren**
Frage	
in Frage [kommen/stellen …]	infrage/in Frage [kommen/stellen…]
frankophon	**frankophon,** *auch* **frankofon**

alte Schreibung	neue Schreibung
französisch/Französisch	
vgl. deutsch/Deutsch	
Frappé	**Frappee,** *auch* **Frappé**
Free Jazz	**Freejazz,** *auch* **Free Jazz**
Freitag *usw. vgl.* Dienstag *usw.*	
freßt! (*zu* fressen) *vgl.* frißt	
freudebringend	**Freude bringend/**spendend
freund/Freund	
jemandem freund bleiben/sein/ werden	jemandem Freund bleiben/sein/ werden
Frigidaire	**Frigidaire** *(als Warenzeichen nur so), auch* **Frigidär**
frischgebacken/frisch gebacken	**frisch gebacken**
frißt (*zu* fressen)	**frisst**
friß! freßt!	friss! fresst!
fritieren	**frittieren**
Fritüre	**Frittüre**
frühverstorben	**früh verstorben**/vollendet ...
Full-time-Job	**Fulltimejob,** *auch* **Full-Time-Job**
fünf *usw. vgl.* acht *usw.*	
fünfzig *usw. vgl.* achtzig *usw.*	
funkensprühend	**Funken sprühend**
fürbaß	**fürbass**
furchteinflößend	**Furcht einflößend**/erregend ...
fürliebnehmen	**fürlieb nehmen**
fürs erste	**fürs Erste**
G	
ganz	
im ganzen	im Ganzen
im großen ganzen	im großen Ganzen
im großen und ganzen	im Großen und Ganzen
gargekocht	**gar gekocht**
das gargekochte Fleisch	das gar gekochte Fleisch
Gäßchen	**Gässchen**
gaßein, gaßaus	gassein, gassaus
Gebiß	**Gebiss**
gefahrbringend	**Gefahr bringend**/drohend ...
gefangenhalten	**gefangen halten**/nehmen/setzen ...
gegeneinanderdrücken	**gegeneinander drücken**/prallen/ pressen/stoßen ...
geheimhalten	**geheim halten**/tun/bleiben ...
im geheimen	im Geheimen

alte Schreibung	neue Schreibung
gehenlassen *(in Ruhe lassen* und *die Beherrschung verlieren)*	**gehen lassen**
Gelaß	**Gelass**
gelb *usw. vgl.* blau *usw.*	
gelb-grün *(gelb und grün) usw.*	**gelbgrün/gelb-grün** *usw.*
Gemse	**Gämse**
genau	
genaugenommen *(eigentlich)*	genau genommen
des genaueren	des Genaueren
auf das/aufs genaueste	auf das/aufs genaueste/Genaueste
genausogut	**genauso gut**/viel …
genoß (*zu* genießen)	**genoss**
Genuß	**Genuss**
Geographie	**Geographie**, *auch* **Geografie**
geradesitzen	**gerade sitzen**/stehen/legen … *(aber:* geradestehen *(für etwas aufkommen))*
gering	
geringachten	**gering achten**/schätzen
[nicht] das geringste [bemerken]	[nicht] das Geringste [bemerken]
nicht im geringsten	nicht im Geringsten
gerngesehen	**gern gesehen**
ein gerngesehener Gast	ein gern gesehener Gast
gesamt	
im gesamten *(insgesamt)*	im Gesamten
Geschoß	**Geschoss**, *österr., schweiz. auch* Geschoß
geschrien/geschrieen (*zu* schreien)	**geschrien**
gespien/gespieen (*zu* speien)	**gespien**
getrennt lebend/getrenntlebend	**getrennt lebend**
gewinnbringend	**Gewinn bringend/gewinnbringend** (*aber nur*: sehr gewinnbringend; großen Gewinn bringend)
gewiß	**gewiss**
Ginkgo	**Ginkgo**, *auch* **Ginko**
glatthobeln	**glatt hobeln**/gehen/kämmen/schleifen …
gleich	
gleichdenkend	gleich denkend/lautend …
der/die/das gleiche *(derselbe/dieselbe/dasselbe)*	der/die/das Gleiche
auf das/aufs gleiche hinauskommen	auf das/aufs Gleiche hinauskommen

alte Schreibung	neue Schreibung
ins gleiche bringen *(in Ordnung bringen)*	ins Gleiche bringen
gleich und gleich [gesellt sich gern]	Gleich und Gleich
glückbringend	**Glück bringend**/verheißend
glühendheiß	**glühend heiß**
ein glühendheißes Eisen	ein glühend heißes Eisen
golden	
das Goldene Zeitalter	das goldene Zeitalter
der Goldene Schnitt	der goldene Schnitt
goß (*zu* gießen)	**goss**
Grammophon	**Grammophon,** *auch* **Grammofon**
Grand Slam	**Grandslam,** *auch* **Grand Slam**
Graphie	**Graphie**, *auch* **Grafie**
Graphik/Grafik	**Grafik**, *auch* **Graphik**
graphisch/grafisch	grafisch, *auch* graphisch
Graphit	**Graphit,** *auch* **Grafit**
Graphologe	**Graphologe**, *auch* **Grafologe**
gräßlich	**grässlich**
grau *usw. vgl.* blau *usw.*	
grauenerregend	**Grauen erregend**
grellbeleuchtet	**grell beleuchtet**
die grellbeleuchtete Bühne	die grell beleuchtete Bühne
Greuel	**Gräuel**
Greueltat	Gräueltat
greulich	gräulich
Grislybär/Grizzlybär	**Grislibär,** *auch* **Grizzlybär**
grob	
aus dem groben [arbeiten]	aus dem Groben [arbeiten]
auf das/aufs gröbste	auf das/aufs gröbste/Gröbste
groß	
großangelegt	**groß angelegt**
ein großangelegter Plan	ein groß angelegter Plan
großschreiben *(besonders schätzen)*	**groß schreiben** *(in großer Schrift schreiben; besonders schätzen)*
groß schreiben *(mit großem Anfangsbuchstaben schreiben)*	**großschreiben** *(mit großem Anfangsbuchstaben schreiben)*
das größte wäre, wenn … *(am besten)*	das Größte wäre, wenn …
um ein großes [verteuert] *(viel)*	um ein Großes [verteuert]
im großen [und im kleinen] *(im großen Stil)*	im Großen [und im Kleinen]
im großen [und] ganzen	im Großen und Ganzen (*aber*: im großen Ganzen)
der große Teich *(Atlantik)*	der Große Teich

alte Schreibung	neue Schreibung
groß und klein *(jedermann)*	**Groß und Klein**
grün *usw. vgl.* blau *usw.*	
grün-blau *usw.* *(grün und blau)*	**grünblau/grün-blau** *usw.*
Grund	
zugrunde [gehen]	zugrunde/zu Grunde [gehen/richten ...]
Gunst	
zugunsten (*aber:* zu seinen Gunsten)	zugunsten/zu Gunsten
gut	
gutgehen *(sich wohl befinden)*	gut gehen/finden/tun ... (*aber:* gutschreiben *(anrechnen))*
gutgemeint	gut gemeint/aussehend/bezahlt/dotiert/gelaunt/gehend ...
im guten [wie im bösen]	im Guten [wie im Bösen]
jenseits von Gut und Böse	jenseits von gut und böse
jemandem guten Tag sagen	jemandem Guten Tag/guten Tag sagen

H

alte Schreibung	neue Schreibung
haftenbleiben	**haften bleiben**
Hair-Stylist	**Hairstylist**
halbblind	**halb blind/**fertig/leer/links/offen/roh/verhungert ... *(in Opposition zu „ganz")*
haltmachen	**Halt machen**
[laut] Halt rufen	**[laut] Halt/halt rufen**
Hämorrhoiden	**Hämorrhoiden,** *auch* **Hämorriden**
Hand	
eine Handvoll [Heu]	eine Hand voll [Heu]
handeltreibend	**Handel treibend**
der/die Handeltreibende	der/die Handel Treibende/Handeltreibende
Handout	**Hand-out,** *auch* **Handout**
hängenlassen *(jemanden im Stich lassen)*	**hängen lassen**/bleiben
Happy-End	**Happyend,** *auch* **Happy End**
Haraß	**Harass**
Hard cover	**Hardcover**, *auch* **Hard Cover**
Hard-cover-Einband	Hardcovereinband
Hard Rock	**Hardrock**, *auch* **Hard Rock**
hartgekocht	**hart gekocht**/gesotten ...

alte Schreibung	neue Schreibung
Haß	**Hass**
haßte, gehaßt (*zu* hassen)	**hasste, gehasst**
haßt!	hasst!
häßlich	**hässlich**
haus/Haus	
haushalten	**Haus halten/haushalten**
er hält haus	er hält Haus/er haushaltet
nach Hause	nach Hause, *österr., schweiz. auch* nachhause
zu Hause	zu Hause, *österr., schweiz. auch* zuhause
heiligsprechen	**heilig sprechen**
heißersehnt	**heiß ersehnt**/geliebt …
die heißersehnte Ankunft	die heiß ersehnte Ankunft
helleuchtend	**hell leuchtend**/lodernd/strahlend …
ein helleuchtender Stern (*aber:* ein auffallend hell leuchtender Stern)	ein hell leuchtender Stern
hellicht	**helllicht**
herzlich	
auf das/aufs herzlichste	auf das/aufs herzlichste/Herzlichste
hierbleiben *(nicht weggehen)*	**hier bleiben**/lassen/sein …
hierherkommen	**hierher kommen**
hierzulande	**hierzulande/hier zu Lande**
High-Fidelity	**Highfidelity**, *auch* **High Fidelity**
High-riser	**Highriser,** *auch* **High Riser**
High-Society	**Highsociety,** *auch* **High Society**
High-Tech	**Hightech**, *auch* **High Tech**
High-Tech-Industrie	Hightechindustrie, *auch* High-Tech-Industrie
Hilfe	
hilfesuchend	**Hilfe suchend/bringend** …
der/die Hilfesuchende	der/die Hilfe Suchende/Hilfesuchende
mit Hilfe	mit Hilfe/mithilfe
Hillbilly-music	**Hillbillymusic,** *auch* **Hillbillimusik**
hintereinandergehen *(wenn „hintereinander“ den Vorgang nur näher bezeichnet)*	**hintereinander gehen**/schalten/schreiben …
hißt, hißte, gehißt (*zu* hissen)	**hisst, hisste, gehisst**
hoch/Hoch	
auf das/aufs höchste	auf das/aufs höchste/Höchste
hochachten *(schätzen)*	**hoch achten**
hoch und nieder	**Hoch und Nieder**

alte Schreibung	neue Schreibung
hoch und niedrig *(jedermann)*	**Hoch und Niedrig**
der Hohepriester	der Hohe Priester
das Hohelied	das Hohe Lied
hofhalten	**Hof halten**
er hält hof	er hält Hof
hohnlachen	**Hohn lachen**/sprechen
sie lacht hohn	sie lacht/spricht Hohn
homophon	**homophon**, *auch* **homofon**
honigschleckend	**Honig schleckend**
Hosteß	**Hostess**
Hot dog	**Hotdog,** *auch* **Hot Dog**
Hot Jazz	**Hotjazz,** *auch* **Hot Jazz**
Hot pants	**Hotpants,** *auch* **Hot Pants**
hundert *(als einfaches Zahlwort)*	**hundert/Hundert**
mehrere hundert Menschen	mehrere hundert/Hundert Menschen
Hunderte	**hunderte/Hunderte**
Hunderte von armen Kindern	hunderte/Hunderte von armen Kindern
Hunderte armer Kinder	hunderte/Hunderte armer Kinder
hundertprozentig	
(bei Schreibung mit Ziffern:) 100prozentig	100-prozentig
hundertste/Hundertste	
der/die/das hundertste	der/die/das Hundertste
Hungers sterben	**hungers sterben**
hurra schreien	**hurra/Hurra schreien**
Huskies/Huskys *(Plural von* Husky*)*	**Huskys**
I	
i. allg. *(im allgemeinen)*	**i. Allg.**
ibero-amerikanisch *(zwischen Spanien, Portugal und Lateinamerika bestehend)*	**iberoamerikanisch**
Ich-Erzähler	**Icherzähler/Ich-Erzähler**
Ichform	**Ichform/Ich-Form**
Ichgefühl	**Ichgefühl/Ich-Gefühl**
Ich-Laut	**Ichlaut/Ich-Laut**
Ichsucht	**Ichsucht/Ich-Sucht**
ihr/Ihr	
Ihr, Euer, Euch *(in der Anrede)*	ihr, euer, euch

alte Schreibung	neue Schreibung
das Ihre	das Ihre/ihre
das Ihrige	das Ihrige/ihrige
die Ihren	die Ihren/ihren
die Ihrigen	die Ihrigen/ihrigen
im allgemeinen *(gewöhnlich)*	**im Allgemeinen**
im argen liegen	**im Argen liegen**
im besonderen	**im Besonderen**
im bisherigen	**im Bisherigen**
Imbiß	**Imbiss**
im bösen	**im Bösen**
im guten wie im bösen	im Guten wie im Bösen
im dunkeln tappen *(nicht Bescheid wissen)*	**im Dunkeln tappen**
im einzelnen	**im Einzelnen**
[nicht] im entferntesten	**[nicht] im Entferntesten**
im folgenden *(weiter unten)*	**im Folgenden**
im geheimen	**im Geheimen**
im gesamten *(insgesamt)*	**im Gesamten**
im großen [und] ganzen	**im Großen und Ganzen** (*aber:* im großen Ganzen)
im großen [und im kleinen] *(im großen Stil)*	**im Großen [und im Kleinen]**
im guten [wie im bösen]	**im Guten [wie im Bösen]**
im kleinen	**im Kleinen**
im großen und im kleinen *(nicht im großen Stil)*	im Großen und im Kleinen
im klaren [sein] *(Klarheit haben)*	**im Klaren** [sein]
im nachfolgenden *(weiter unten}*	**im Nachfolgenden**
im nachhinein	**im Nachhinein**
im nebenstehenden *(hierneben)*	**im Nebenstehenden**
im obenstehenden *(oben)*	**im oben Stehenden/Obenstehenden**
im obigen *(oben)*	**im Obigen**
im rohen [fertig] **sein** *(roh)*	**im Rohen** [fertig] **sein**
im sichern [sein] *(geborgen)*	**im Sichern** [sein]
im speziellen *(besonders)*	**im Speziellen**
imstande [sein]	**imstande/im Stande** [sein]
im stillen *(unbemerkt)*	**im Stillen**
[seine Schäfchen] im trock[e]nen haben *(gesichert sein)*	**[seine Schäfchen] im Trock[e]nen haben**
im trock[e]nen sein *(geborgen sein)*	**im Trock[e]nen sein**
im trüben fischen *(unlautere Geschäfte machen)*	**im Trüben fischen**
im übrigen *(sonst, ferner)*	**im Übrigen**
im umstehenden *(umstehend)*	**im Umstehenden**

alte Schreibung	neue Schreibung
im ungewissen bleiben *(ohne genaue Auskunft)*	**im Ungewissen bleiben**/lassen/sein
im verborgenen *(unbemerkt)*	**im Verborgenen**
im voraus	**im Voraus**
im vorausgehenden	**im Vorausgehenden**
im vorhergehenden	**im Vorhergehenden**
im vorhinein	**im Vorhinein**
in acht nehmen	**in Acht nehmen**
in bezug [auf]	**in Bezug [auf]**
Indizes (*Plural zu* Index *neben* Indexe)	**Indizes/Indices** (*neben* Indexe)
ineinanderfließen	**ineinander fließen**/greifen/schieben …
in folgendem *(weiter unten)*	**in Folgendem**
in Frage [kommen/stellen …]	**infrage/in Frage** [kommen/stellen…]
innesein	**inne sein**
in Null Komma nichts	**in null Komma nichts**
in Schuß [halten/haben …]	**in Schuss** [halten/haben …]
ins gleiche bringen *(in Ordnung bringen)*	**ins Gleiche bringen**
ins klare kommen *(Klarheit bekommen)*	**ins Klare kommen**
ins reine [bringen/kommen/schreiben]	**ins Reine** [bringen/kommen/schreiben]
instand [setzen/halten …]	**instand/in Stand** [setzen/halten …]
[seine Schäfchen] ins trock[e]ne bringen	**[seine Schäfchen] ins Trock[e]ne bringen**
[bis] ins unermeßliche	**[bis] ins Unermessliche**
ins ungeheure [steigern]	**ins Ungeheure** [steigern]
ins volle [greifen] *(viel nehmen [können])*	**ins Volle** [greifen]
I-Punkt	**i-Punkt**
irgend etwas	**irgendetwas**
irgend jemand	**irgendjemand**
ißt (*zu* essen) iß! eßt!	**isst** iss! esst!
italienisch/Italienisch *vgl.* deutsch/Deutsch	
I-Tüpfelchen	**i-Tüpfelchen**

J

alte Schreibung	neue Schreibung
ja [und amen] sagen	**ja/Ja [und amen/Amen] sagen**
Jäheit	**Jähheit**
Jam Session	**Jamsession**

alte Schreibung	neue Schreibung
japanisch/Japanisch	
vgl. deutsch/Deutsch	
Jaß	**Jass**
Jet-set	**Jetset,** *auch* **Jet-set**
jiddisch/Jiddisch	
vgl. deutsch/Deutsch	
Job-sharing	**Jobsharing**
Joghurt/Yoghurt	**Joghurt,** *auch* **Jogurt**
Joint-venture	**Jointventure,** *auch* **Joint Venture**
jung und alt *(jedermann)*	**Jung und Alt**
Justitiar	**Justitiar/Justiziar**
justitiabel	justitiabel/justiziabel

K

alte Schreibung	neue Schreibung
kahlfressen	**kahl fressen**/scheren/schlagen …
Kalligraphie	**Kalligraphie,** *auch* **Kalligrafie**
kalt	
kaltbleiben *(unbeteiligt bleiben)*	**kalt bleiben**/lassen/machen/ stellen … (*aber:* kaltmachen *(ermorden)*/kaltstellen *(jemanden wirkungslos machen)*)
der kalte Krieg	der Kalte Krieg *(zwischen Ost und West nach dem Zweiten Weltkrieg)*
Känguruh	**Känguru**
Karamel	**Karamell**
Kartographie	**Kartographie,** *auch* **Kartografie**
Katarrh	**Katarrh,** *auch* **Katarr**
Keep-smiling	**Keepsmiling**
kegelschieben	**Kegel schieben**
kennenlernen	**kennen lernen**
keß	**kess**
Ketchup	**Ketschup,** *auch* **Ketchup**
Kickdown	**Kick-down,** *auch* **Kickdown**
Kick-off	**Kick-off,** *auch* **Kickoff**
Kind	
an Kindes Statt	an Kindes statt
King-size	**Kingsize**
klar	
klarsehen *(verstehen)*	klar sehen/werden *(verständlich werden)*/denkend …
im klaren [sein] *(Klarheit haben)*	im Klaren [sein]

alte Schreibung	neue Schreibung
ins klare kommen *(Klarheit bekommen)*	ins Klare kommen
klasse/Klasse sein	**Klasse sein**
das ist klasse/Klasse	das ist Klasse
klebenbleiben *(in der Schule …)*	**kleben bleiben**
klein	
kleingemustert	**klein gemustert/**kariert/gedruckt …
ein kleingemusterter Stoff	ein klein gemusterter Stoff
das Kleingedruckte	das klein Gedruckte/Kleingedruckte
kleinschreiben *(gering schätzen)*	**klein schreiben** *(in kleiner Schrift schreiben; gering schätzen)*
klein schreiben *(mit kleinem Anfangsbuchstaben schreiben)*	**kleinschreiben** *(mit kleinem Anfangsbuchstaben schreiben)*
im [großen und im] kleinen	im [Großen und im] Kleinen
groß und klein *(jedermann)*	Groß und Klein
um ein kleines *(wenig)*	um ein Kleines
sich um ein kleines irren/verfehlen …	sich um ein Kleines irren/verfehlen …
klug	
klugreden *(alles besser wissen wollen)*	**klug reden**
das klügste sein *(am klügsten sein)*	das Klügste sein
Knockout	**Knock-out,** *auch* **Knockout**
kochendheiß	**kochend heiß**
kochendheißes Wasser	kochend heißes Wasser
Kolophonium	**Kolophonium,** *auch* **Kolofonium**
Koloß	**Koloss**
Kommiß	**Kommiss**
Kommuniqué	**Kommuniqué,** *auch* **Kommunikee**
Kompaß	**Kompass**
Kompromiß	**Kompromiss**
Komteß	**Komtess**
Kongreß	**Kongress**
kopfstehen	**Kopf stehen**/stehend
krank schreiben	**krankschreiben**
krank melden	krankmelden
kraß	**krass**
Krem/Creme	**Creme,** *auch* **Krem/Kreme**
kriegführend	**Krieg führend**
der/die Kriegführende	der/die Krieg Führende/Kriegführende
kroß	**kross**
krummnehmen	**krumm nehmen** (*aber:* krummlachen)
Kumys/Kumyß	**Kumys/Kumyss**
kunstliebend	**Kunst liebend**
Küraß	**Kürass**

alte Schreibung	neue Schreibung
kurz	
den kürzeren ziehen *(der/die Benachteiligte sein)*	den Kürzeren ziehen
[etwas] des kürzeren [erklären] *(kurz)*	[etwas] des Kürzeren [erklären]
Kuß	**Kuss**
küßte, geküßt (*zu* küssen)	**küsste, geküsst**
küß! küßt!	küss! küsst!
L	
Ladys, *auch* **Ladies** (*Plural von* Lady)	**Ladys**
lahmlegen	**lahm legen**
Lamé	**Lamé,** *auch* **Lamee**
Land	
dortzulande	dortzulande/dort zu Lande
hierzulande	hierzulande/hier zu Lande
bei uns zulande *(daheim)*	bei uns zulande/bei uns zu Lande
lang	
langgehegt	**lang gehegt**/gestielt/gestreckt …
ein langes und breites *(viel)*	ein Langes und Breites
des/eines langen und breiten *(viel, ausführlich)*	des/eines Langen und Breiten
des/eines länger[e]n [und breiter[e]n] *(viel, ausführlich)*	des/eines Länger[e]n [und Breiter[e]n]
läßt (*zu* lassen)	**lässt**
laß! laßt!	lass! lasst!
läßlich	**lässlich**
Laßheit	**Lassheit**
Last	
zu Lasten	zu Lasten/zulasten
laubtragend	**Laub tragend**
laufen	
auf dem laufenden [sein]	auf dem Laufenden [sein]
Layout	**Lay-out,** *auch* **Layout**
lebenspendend	**Leben spendend**
leerlaufen *(auslaufen)*	**leer laufen**/stehend …
leicht	
leichtbehindert	**leicht behindert**/entzündlich …
der/die Leichtbehinderte	der/die leicht Behinderte/Leichtbehinderte
leichtfallen	**leicht fallen**/machen …
[k]ein leichtes sein	[k]ein Leichtes sein

alte Schreibung	neue Schreibung
leid/Leid	
leid tun	**Leid tun**/tragend
der/die Leidtragende	der/die Leid Tragende/Leidtragende
zuleide [tun]	zuleide/zu Leide [tun]
letzte/Letzte	
der/die/das letzte *(der Reihe nach)*	der/die/das Letzte
als letztes *(zuletzt)*	als Letztes
bis ins letzte *(ganz genau)*	bis ins Letzte
bis zum letzten *(sehr)*	bis zum Letzten
fürs letzte *(zuletzt)*	fürs Letzte
am letzten *(zuletzt)*	am Letzten
der Letzte Wille	der letzte Wille
letztere/Letztere	
der/die/das letztere	der/die/das Letztere
letzterer, letztere, letzteres	Letzterer, Letztere, Letzteres
leuchtendrot	**leuchtend rot**/gelb …
leuchtendrote Strümpfe	leuchtend rote Strümpfe
liebhaben	**lieb haben**/behalten/gewinnen
liegenlassen *(vergessen, nicht beachten)*	**liegen lassen**/bleiben (*aber:* das Liegenlassen)
Light-Show	**Lightshow**
Lip gloss	**Lipgloss**
Lithographie	**Lithographie,** *auch* **Lithografie**
Live-Show	**Liveshow**
Lizentiat	**Lizenziat,** *auch* **Lizentiat**
Lobbys/Lobbies (*Plural von* Lobby)	**Lobbys**
Löß	**Löss/Löß**
Love-Story	**Lovestory**

M

alte Schreibung	neue Schreibung
mal/Mal	
das erstemal	das erste Mal
das letztemal	das letzte Mal
zum achtenmal	zum achten Mal
einigemal	einige Mal
etlichemal	etliche Mal
mehreremal	mehrere Mal
dutzendmal	Dutzend Mal
millionenmal	Millionen Mal
Malaise	**Malaise,** *auch* **Maläse**
maschineschreiben	**Maschine schreiben**

alte Schreibung	neue Schreibung
maßhalten *(sich mäßigen)*	**Maß halten**
maßhaltend	**Maß haltend**
Matrizes (*Plural von* Matrix *neben* Matrizen)	**Matrizes/Matrices** (*neben* Matrizen)
mein/Mein	
das Meine	das Meine/meine
das Meinige	das Meinige/meinige
die Meinen	die Meinen/meinen
die Meinigen	die Meinigen/meinigen
mein und dein [nicht] unterscheiden	Mein und Dein [nicht] unterscheiden
ein Streit über mein und dein	ein Streit über Mein und Dein
an meiner Statt	an meiner statt
menschenmöglich	
das/alles menschenmögliche [tun ...] *(alles)*	das/alles Menschenmögliche [tun ...]
Mesner (*neben* Mesmer)	**Mesner/Messner** (*neben* Mesmer)
Meßergebnis (*zu* messen)	**Messergebnis**
meßt! (*zu* messen) *vgl.* mißt	
metallverarbeitend	**Metall verarbeitend**
Midlife-crisis	**Midlifecrisis**, *auch* **Midlife-Crisis**
miesmachen	**mies machen**
mindeste/Mindeste	
[nicht] das mindeste *(gar nichts)*	[nicht] das Mindeste/mindeste
[nicht] im mindesten *(gar nicht)*	[nicht] im Mindesten/mindesten
minuziös, *auch* **minutiös**	**minutiös,** *auch* **minuziös**
mißachten	**missachten**
Mißgunst, -trauen ...	**Missgunst**, -trauen ...
mißhellig	**misshellig**
mißlich	**misslich**
mißt (*zu* messen)	**misst**
miß! meßt!	miss! messt!
mit Hilfe	**mit Hilfe/mithilfe**
mitleiderregend	**Mitleid erregend**
mittag/Mittag *usw. vgl.* abend/Abend *usw.*	
mitternacht/Mitternacht *usw. vgl.* abend/Abend usw.	
Mittwoch *usw. vgl.* Dienstag *usw.*	
Mixed Pickles (*neben* Mixpickles)	**Mixedpickles**, *auch* **Mixed Pickles** (*neben* Mixpickles)
Modern Jazz	**Modernjazz**, *auch* **Modern Jazz**
möglich	
das mögliche [tun] *(alles)*	das Mögliche [tun]

alte Schreibung	**neue Schreibung**
alles mögliche [tun] *(viel, allerlei)*	alles Mögliche [tun]
sein möglichstes [tun] *(alles)*	sein Möglichstes [tun]
Monographie	**Monographie**, *auch* **Monografie**
Montag *usw. vgl.* Dienstag *usw.*	
Mop	**Mopp**
morgen/Morgen *usw. vgl.* abend/ Abend *usw.*	
Moto-Cross	**Motocross,** *auch* **Moto-Cross**
Multiple-choice-Verfahren	**Multiplechoiceverfahren**, *auch* **Multiple-Choice-Verfahren**
mündigsprechen	**mündig sprechen**
muß, mußte, gemußt (*zu* müssen)	**muss, musste, gemusst**
das/ein Muß	das/ein Muss
müßiggehen	**müßig gehen**
musikliebend	**Musik liebend**
Mut	
zumute [sein]	zu Mute/zumute [sein]
Myrrhe	**Myrrhe,** *auch* **Myrre**

N

nach Hause	**nach Hause,** *österr., schweiz. auch* nachhause
nachfolgend	
nachfolgendes	**Nachfolgendes**
das nachfolgende *(dieses)*	das Nachfolgende
im nachfolgenden *(weiter unten)*	im Nachfolgenden
nachhinein	
im nachhinein	im Nachhinein
nachmittag/Nachmittag *usw. vgl.* abend/Abend *usw.*	
nächste/Nächste	
der/die/das nächste	der/die/das Nächste
der nächste, bitte!	der Nächste, bitte!
das nächste wäre …	das Nächste wäre …
als nächstes *(darauf)*	als Nächstes
nacht/Nacht *usw. vgl.* abend/ Abend *usw.*	
nahe	
nahebringen *(vertraut machen)*	**nahe bringen**/gehen/legen/ liegend/stehen/stehend …
des näheren [erklären]	des Näheren [erklären]
nämlich	
der/die/das nämliche	der/die/das Nämliche

alte Schreibung	neue Schreibung
Narziß	**Narziss**
Narzißmus, Narzißt, narzißtisch	Narzissmus, Narzisst, narzisstisch
naß	**nass**
naßkalt, Naßrasur …	nasskalt, Nassrasur …
näßt, genäßt (*zu* nässen)	nässt, genässt
naßgeschwitzt	nass geschwitzt
nebeneinanderlegen	**nebeneinander legen/**sitzen/stellen…
nebenstehend	
nebenstehendes *(dieses)*	**Nebenstehendes**
das nebenstehende *(dieses)*	das Nebenstehende
im nebenstehenden *(hierneben)*	im Nebenstehenden
Necessaire	**Necessaire,** *auch* **Nessessär**
Negligé	**Negligee,** *auch* **Negligé**
Negro Spiritual	**Negrospiritual**
nein sagen	**nein/Nein sagen**
neu	
neueröffnet	neu eröffnet
ein neueröffnetes Café	ein neu eröffnetes Café
aufs neue	aufs Neue
neun *usw. vgl.* acht *usw.*	
neunzig *usw. vgl.* achtzig *usw.*	
New Age	**Newage,** *auch* **New Age**
New Look	**Newlook,** *auch* **New Look**
nichtssagend	**nichts sagend/**ahnend
(bei Betonung von „nichts“)	
nieder/Nieder	
hoch und nieder *(jedermann)*	Hoch und Nieder
niederländisch/Niederländisch	
vgl. deutsch/Deutsch	
niedrig/Niedrig	
hoch und niedrig *(jedermann)*	Hoch und Niedrig
niedriggesinnt	**niedrig gesinnt/**stehend …
die niedriggesinnten Gegner	die niedrig gesinnten Gegner
No-future-Generation	**No-Future-Generation**
norwegisch/Norwegisch	
vgl. deutsch/Deutsch	
not/Not	
notleidend	**Not leidend**
der/die Notleidende	der/die Not Leidende/Notleidende
not sein/tun/werden	**Not sein/tun/werden**
es ist/tut not	es ist/tut Not
null/Null	
auf Null stehen	auf null stehen
unter Null sinken	unter null sinken
in Null Komma nichts	in null Komma nichts

alte Schreibung	neue Schreibung
numerieren	**nummerieren**
Nuß	**Nuss**
Nüßchen, Nußbaum …	Nüsschen, Nussbaum …
Nutz	
zunutze [machen]	zunutze/zu Nutze [machen]

O

alte Schreibung	neue Schreibung
O-beinig	**o-beinig/O-beinig**
oben	
obenerwähnt *(bereits genannt)*	**oben erwähnt**/stehend/genannt
der obenerwähnte Titel	der oben erwähnte Titel
das Obenerwähnte	das oben Erwähnte/das Obenerwähnte
obenstehendes *(dieses)*	**oben Stehendes/Obenstehendes**
im obenstehenden *(oben)*	im oben Stehenden/im Obenstehenden
obig	
im obigen *(oben)*	im Obigen
offenbleiben	**offen bleiben**/halten/lassen/legen/stehen
O-förmig	**o-förmig/O-förmig**
oft	
des öft[e]ren *(oft)*	des Öft[e]ren
Op-art	**Op-Art**
Open air	**Openair,** *auch* **Open Air**
Open-air-Festival	Openairfestival, *auch* Open-Air-Festival
Open-end-Diskussion	**Openenddiskussion,** *auch* **Open-End-Diskussion**
orange *usw. vgl.* blau *usw.*	
Ordonnanz	**Ordonnanz,** *auch* **Ordonanz**
Orthographie	**Orthographie,** *auch* **Orthografie**

P

alte Schreibung	neue Schreibung
Panther	**Panther,** *auch* **Panter**
Pappmaché	**Pappmaschee,** *auch* **Pappmaché**
Paragraph	**Paragraph,** *auch* **Paragraf**
parallellaufend	**parallel laufend**
Paranuß	**Paranuss**
Partys/Parties (*Plural von* Party)	**Partys**

alte Schreibung	neue Schreibung
Paß	**Pass**
passé	**passee,** *auch* **passé**
paßt, paßte, gepaßt (*zu* passen)	**passt, passte, gepasst**
paß auf! paßt auf!	pass auf! passt auf!
Peep-Show	**Peepshow**
Personality-Show	**Personalityshow**
Phantasie, *auch* **Fantasie** *(Musikstück nur so)*	**Fantasie** *(Musikstück nur so), auch* **Phantasie**
Phon	**Phon,** *auch* **Fon**
Phonzahl	Phonzahl, *auch* Fonzahl
phono …	**phono …,** *auch* **fono …**
phonographisch	phonografisch, *auch* fonografisch/ phonographisch
usw.	*usw.*
Phono …	**Phono …,** *auch* **Fono …**
Phonogramm	Phonogramm, *auch* Fonogramm
Phonometrie	Phonometrie, *auch* Fonometrie
Phonotechnik	Phonotechnik, *auch* Fonotechnik
Phonothek	Phonothek, *auch* Fonothek
usw.	*usw.*
photo …, *auch* **foto …**	**foto …,** *auch* **photo …**
photochemisch	fotochemisch, *auch* photochemisch
photomechanisch	fotomechanisch, *auch* photomechanisch
photoelektrisch	fotoelektrisch, *auch* photoelektrisch
phototrop, *auch* fototrop *usw.*	fototrop, *auch* phototrop *usw.*
Photo …, *auch* **Foto …**	**Foto …,** *auch* **Photo …**
Photochemie	Fotochemie, *auch* Photochemie
Photoeffekt	Fotoeffekt, *auch* Photoeffekt
Photometrie	Fotometrie, *auch* Photometrie
Photosphäre	Fotosphäre, *auch* Photosphäre
usw.	*usw.*
plazieren/placieren	**platzieren**
Platitüde	**Plattitüde,** *auch* **Platitude**
Playback	**Play-back,** *auch* **Playback**
pleite gehen	**Pleite gehen** (*aber:* pleite sein)
polnisch/Polnisch *vgl.* deutsch/Deutsch	
polyphon	**polyphon,** *auch* **polyfon**
Pop-art	**Pop-Art**
Pontifizes (*Plural von* Pontifex)	**Pontifizes,** *auch* **Pontifices**
Pornographie	**Pornografie,** *auch* **Pornographie**
Portemonnaie	**Portmonee,** *auch* **Portemonnaie**
portugiesisch/Portugiesisch *vgl.* deutsch/Deutsch	

alte Schreibung	neue Schreibung
Potential	**Potenzial,** *auch* **Potential**
potentiell	potenziell, *auch* potentiell
präferentiell	**präferenziell,** *auch* **präferentiell**
preßt, gepreßt (*zu* pressen)	**presst, gepresst**
preß! preßt!	press! presst!
Preßling, Preßluft, Preßwehe …	Pressling, Pressluft, Presswehe …
preziös	**preziös,** *auch* **pretiös**
Prozeß	**Prozess**
prunkliebend	**Prunk liebend**
Public Relations	**Publicrelations,** *auch* **Public Relations**
punkt acht Uhr	**Punkt acht Uhr**
pushen	**pushen,** *auch* **puschen**
Q	
quadrophon	**quadrophon,** *auch* **quadrofon**
Quentchen	**Quäntchen**
quer	
quergestreift	**quer gestreift**
ein quergestreifter Stoff	ein quer gestreifter Stoff
quergehen *(nicht wie vorgesehen verlaufen)*	**quer gehen**/legen/schießen …
Quickstep	**Quickstepp**
R	
radfahren	**Rad fahren**/fahrend/schlagen/schlagend
Rand	
zu Rande kommen	zu Rande/zurande kommen
Rat	
zu Rate ziehen	zu Rate/zurate ziehen
ratsuchend	**Rat suchend**
der/die Ratsuchende	der/die Rat Suchende/Ratsuchende
rauh	**rau**
rauhbeinig, rauhhaarig, Rauhfaser, Rauhputz … (*aber:* Rauheit)	raubeinig, rauhaarig, Raufaser, Rauputz …
recht behalten	**Recht behalten**/bekommen/erhalten/geben/haben … (*aber:* ihr Tun bleibt recht (*richtig*); er hat recht (*richtig*) gehandelt)

alte Schreibung	neue Schreibung
Rechtens sein	**rechtens sein**
etwas für Rechtens halten/erachten	etwas für rechtens halten/erachten
Regreß	**Regress**
reich/Reich	
reichgeschmückt	reich geschmückt/verziert …
der reichgeschmückte Tisch	der reich geschmückte Tisch
arm und reich	Arm und Reich
rein	
reingolden	rein golden/seiden …, *auch* reingolden/reinseiden …
ein reingoldener Becher	ein rein goldener/reingoldener Becher
ins reine bringen	ins Reine bringen/kommen/schreiben
[mit jemandem/etwas] im reinen sein	[mit jemandem/etwas] im Reinen sein
richtig	
richtiggehend	richtig gehend
eine richtiggehende Uhr	eine richtig gehende Uhr (*aber:* richtiggehend *(ausgesprochen)*: eine richtiggehende Verschwörung)
er hat immer richtiggelegen *(sich richtig verhalten)*	er hat immer richtig gelegen
einen Irrtum richtigstellen *(berichtigen)*	einen Irrtum richtig stellen
das [einzig] richtige sein *(richtig)*	das [einzig] Richtige sein
[für] das richtigste [halten/sein] *(richtig)*	[für] das Richtigste [halten/sein]
richtigmachen *(berichtigen)*	**richtig machen**
Riß	**Riss**
riß (*zu* reißen)	**riss**
rißfest, Rißpilz	rissfest, Risspilz
roh *(unbearbeitet)*	
aus dem rohen arbeiten	aus dem Rohen arbeiten
im rohen [fertig] sein *(roh)*	im Rohen [fertig] sein
Roheit	**Rohheit**
rosigweiß	**rosig weiß**
Rommé	**Rommee,** *auch* **Rommé**
Roß	**Ross**
Rößl, Rößlein, Rößchen	Rössl, Rösslein, Rösschen
rot *usw. vgl.* blau *usw.*	
rotglühend	**rot glühend**
rot-blau *(rot und blau) usw.*	**rotblau/rot-blau** *usw.*
rote Be[e]te	**Rote Be[e]te**

alte Schreibung	neue Schreibung
Round-table	**Roundtable,** *auch* **Round Table**
Round-table-Konferenz	Roundtablekonferenz, *auch* Round-Table-Konferenz
Rowdies, *auch* **Rowdys** (*Plural von* Rowdy)	**Rowdys**
rückwärtsgehen *(sich verschlechtern)*	**rückwärts gehen**
ruhenlassen *([vorläufig] nicht bearbeiten)*	**ruhen lassen**
ruhigstellen *(zur Ruhe bringen)*	**ruhig stellen**
rumänisch/Rumänisch *vgl.* deutsch/Deutsch	
Rush-hour	**Rushhour**
russisch/Russisch *vgl.* deutsch/Deutsch	

S

alte Schreibung	neue Schreibung
Safer Sex	**Safersex,** *auch* **Safer Sex**
Saisonnier	**Saisonnier,** *auch* **Saisonier**
Sales-promotion	**Salespromotion**
Samstag *usw. vgl.* Dienstag *usw.*	
sauberhalten	**sauber halten/**machen
Saxophon	**Saxophon,** *auch* **Saxofon**
Schande	
zuschanden machen	zu Schanden/zuschanden machen/gehen/werden
schätzenlernen *(den Wert einer Person oder Sache erkennen)*	**schätzen lernen**
schattenspendend	**Schatten spendend**
scheckigbraun	**scheckig braun**
scheelblickend	**scheel blickend**
Schenke	**Schenke/Schänke**
Schenkwirtschaft (*neben* Schankwirtschaft)	Schenkwirtschaft/Schänkwirtschaft (*neben* Schankwirtschaft)
schiefgehen *(nicht gelingen)*	**schief gehen**/laufen … (*aber:* schieflachen)
Schiß	**Schiss**
schiß (*zu* scheißen)	**schiss**
Schlag/*schweiz., österr.:* schlag [acht Uhr]	**Schlag** [acht Uhr]
Schlammasse	**Schlammmasse**
schlechtberaten	**schlecht beraten**/bezahlt/gehen/gelaunt/machen
ein schlechtberatener Kunde	ein schlecht beratener Kunde

alte Schreibung	neue Schreibung
Schlegel/*bergmännisch:* Schlägel	**Schlägel**
schlimm	
das schlimmste sein	das Schlimmste sein
es ist/wäre das schlimmste, daß/wenn ... *(sehr schlimm)*	es ist/wäre das Schlimmste, dass/wenn ...
auf das/aufs schlimmste [zugerichtet werden]	auf das/aufs schlimmste/Schlimmste [zugerichtet werden] (*aber nur:* auf das/aufs Schlimmste gefasst sein)
schloß (*zu* schließen)	**schloss**
Schloß	**Schloss**
Schlößchen	Schlösschen
Schluß	**Schluss**
schlußfolgern	**schlussfolgern**
Schmiß	**Schmiss**
schmiß (*zu* schmeißen)	schmiss
schmutziggrau	**schmutzig grau**/gelb ...
schnellebig	**schnelllebig**
schneuzen	**schnäuzen**
schoß (*zu* schießen)	**schoss**
Schoß *(Pflanzentrieb)*	**Schoss**
Schößling	Schössling
schräglaufend	**schräg laufend**
schrecklich	
das schrecklichste sein	das Schrecklichste sein
es ist/wäre das schrecklichste, daß/wenn ... *(sehr schrecklich)*	es ist/wäre das Schrecklichste, dass/wenn ...
auf das/aufs schrecklichste [zugerichtet werden] *(sehr schrecklich)*	auf das/aufs schrecklichste/Schrecklichste [zugerichtet werden] (*aber nur:* auf das/aufs Schrecklichste gefasst sein)
schuld/Schuld	
schuld geben	**Schuld geben**/haben
zuschulden kommen lassen	zu Schulden/zuschulden kommen lassen
Schuß	**Schuss**
in Schuß [halten/haben ...]	in Schuss [halten/haben ...]
schußfertig	schussfertig
Schußstärke ...	Schussstärke ...
schußlig (*neben* schusselig)	**schusslig** (*neben* schusselig)
schwachbegabt	**schwach begabt**/betont/bevölkert/bewegt
ein schwachbegabter Spieler	ein schwach begabter Spieler
schwarz *usw. vgl.* blau *usw.*	
schwarz-weiß [malen] *(schwarz auf/und weiß)*	schwarzweiß/schwarz-weiß [malen]

alte Schreibung	neue Schreibung
aus schwarz weiß machen [wollen]	aus Schwarz Weiß machen [wollen]
das Schwarze Brett	das schwarze Brett
die Schwarze Kunst	die schwarze Kunst
der Schwarze Peter	der schwarze Peter
der Schwarze Tod	der schwarze Tod
schwedisch/Schwedisch	
vgl. deutsch/Deutsch	
schwerbehindert	**schwer behindert**/beschädigt/ fallen/nehmen …
der/die Schwerbehinderte	der/die schwer Behinderte/Schwerbehinderte (*aber:* schwerstbehindert, der/die Schwerstbehinderte)
schwindelerregend	**Schwindel erregend**
Science-fiction	**Sciencefiction**
sechs *usw. vgl.* acht *usw.*	
sechzig *usw. vgl.* achtzig *usw.*	
See-Elefant	**Seeelefant/See-Elefant**
segenspendend	**Segen spendend**/bringend
seinlassen *(nicht tun)*	**sein lassen**
seine/Seine	
jedem das Seine	jedem das Seine/seine
jedem das Seinige	jedem das Seinige/seinige
[für] die Seinen [sorgen]	[für] die Seinen/seinen [sorgen]
[für] die Seinigen [sorgen]	[für] die Seinigen/seinigen [sorgen]
Seismograph	**Seismograph**, *auch* **Seismograf**
Seite	
auf seiten	auf Seiten/aufseiten
von seiten	von Seiten/vonseiten
zu seiten (*aber:* zur Seite)	zu Seiten/zuseiten
selbstgebacken	**selbst gebacken**/geschneidert/ gestrickt …
selbständig	**selbständig/selbstständig**
seligpreisen	**selig preisen**/sprechen
Séparée	**Séparée,** *auch* **Separee**
sequentiell	**sequenziell,** *auch* **sequentiell**
seßhaft	**sesshaft**
Sex-Appeal	**Sexappeal**
S-förmig	**s-förmig/S-förmig**
Shantys/Shanties (*Plural von* Shanty)	**Shantys**
Shooting-Star	**Shootingstar**
Shopping-Center	**Shoppingcenter**
Short story	**Shortstory,** *auch* **Short Story**
Showdown	**Show-down,** *auch* **Showdown**

alte Schreibung	neue Schreibung
Shrimp	**Shrimp/Schrimp**
sicher/Sicher	
das sicherste sein	das Sicherste sein
es ist das sicherste, wenn …	es ist das Sicherste, wenn …
im sichern sein *(geborgen)*	im Sichern sein
auf Nummer Sicher gehen	auf Nummer Sicher/sicher gehen
sitzenbleiben *(in der Schule nicht versetzt werden)*	**sitzen bleiben**
sieben *usw. vgl.* acht *usw.*	
die Sieben Raben/Weltwunder …	die sieben Raben/Weltwunder …
siebzig *usw. vgl.* achtzig *usw.*	
S-Laut	**s-Laut**
slowakisch/Slowakisch *vgl.* deutsch/Deutsch	
slowenisch/Slowenisch *vgl.* deutsch/Deutsch	
Small talk	**Smalltalk,** *auch* **Small Talk**
so daß, *österr.* sodaß	**sodass/so dass**
Soft-Eis	**Softeis**
Soft Drink	**Softdrink,** *auch* **Soft Drink**
Soft Rock	**Softrock,** *auch* **Soft Rock**
sogenannt (*abgekürzt* sog.)	**so genannt**
Sonderheit	
insonderheit	in Sonderheit
Sonnabend *usw. vgl.* Dienstag *usw.*	
Sonntag *usw. vgl.* Dienstag *usw.*	
sonst *(irgend)*	
sonstjemand	sonst jemand/was/wer/wie/wo/ woher/wohin
sorbisch/Sorbisch *vgl.* deutsch/Deutsch	
Soufflé	**Soufflé,** *auch* **Soufflee**
soviel	**so viel**
das ist/bedeutet [doppelt] soviel wie …	das ist/bedeutet [doppelt] so viel wie …
soviel für heute (dieses)	so viel für heute
soviel [wie] du willst	so viel [wie] du willst
sowohl	
das Sowohl-Als-auch	das Sowohl-als-auch
Spaghetti	**Spaghetti,** *auch* **Spagetti**
spanisch/Spanisch *vgl.* deutsch/Deutsch	
spaßliebend	**Spaß liebend**
spazierengehen	**spazieren gehen**/fahren/führen/ reiten

alte Schreibung	neue Schreibung
Speedwayrennen	**Speedwayrennen,** *auch* **Speedway-Rennen**
speziell	
im speziellen *(besonders)*	im Speziellen
spliß (*zu* spleißen)	**spliss**
sporttreibend	**Sport treibend**
Sproß	**Spross**
Sprößchen, Sprößlein, Sprößling	Sprösschen, Sprösslein, Sprössling
sproßte, gesproßt (*zu* sprießen)	**sprosste, gesprosst**
Square dance	**Squaredance**
Stand	
außerstand [setzen]	außerstand/außer Stand [setzen]
außerstande [sein]	außerstande/außer Stande [sein]
instand [setzen/halten …]	instand/in Stand [setzen/halten…]
imstande [sein]	imstande/im Stande [sein]
zustande [bringen/kommen]	zustande/zu Stande [bringen/kommen]
Standing ovations	**Standingovations,** *auch* **Standing Ovations**
starkbesiedelt	**stark besiedelt/**bevölkert …
Statt/statt	
an [Eides …] Statt	an [Eides …] statt
statt dessen	**stattdessen**
staunenerregend	**Staunen erregend**
steckenbleiben	**stecken bleiben**/lassen
stehenbleiben	**stehen bleiben**/lassen
Stendel[wurz]	**Ständel[wurz]**
Stengel	**Stängel**
stengelig	stängelig
Stenographie, *auch* **Stenografie**	**Stenografie,** *auch* **Stenographie**
Stenograph, stenographisch, *auch* Stenograf, stenografisch	Stenograf, stenografisch, *auch* Stenograph, stenographisch
Step [tanzen]	**Stepp** [tanzen]
Stereophonie	**Stereophonie**, *auch* **Stereofonie**
stereophon(isch)	stereophon(isch), *auch* stereofon(isch)
Stewardeß	**Stewardess**
stiftengehen	**stiften gehen**
still	
stillbleiben	**still bleiben/**halten/sitzen/stehen *(aber:* stillhalten *(erdulden)/* stillsitzen *(unbeweglich sitzen)/* stillstehen *(außer Betrieb sein))*
im stillen *(unbemerkt)*	im Stillen
Stock-Car	**Stockcar**

alte Schreibung	neue Schreibung
Stopp, *(beim Tennis:)* **Stop**	**Stopp** *(auch beim Tennis)* *(aber:* stop! *auf Verkehrsschildern)*
Storys/Stories (*Plural von* Story)	**Storys**
strenggenommen	**streng genommen**/nehmen
Streß	**Stress**
Streßsituation	Stresssituation
Stukkateur	**Stuckateur**
Stuß	**Stuss**
substantiell	**substanziell,** *auch* **substantiell**

T

alte Schreibung	neue Schreibung
tabula rasa [machen]	**Tabula rasa** [machen]
Tag	
zutage [bringen …]	zutage/zu Tage [bringen/kommen/fördern/treten]
Talk-Show	**Talkshow**
T-bone-Steak	**T-Bone-Steak**
Tea-Room	**Tearoom**
Tête-à-tête	**Tete-a-tete/Tête-à-tête**
Thunfisch	**Thunfisch,** *auch* **Tunfisch**
Tie-Break	**Tiebreak,** *auch* **Tie-Break**
Time-sharing	**Timesharing**
Tip	**Tipp**
Toe-loop	**Toeloop**
Tolpatsch	**Tollpatsch**
Topographie	**Topographie,** *auch* **Topografie**
top-secret	**topsecret**
Trekking	**Trekking,** *auch* **Trecking**
treuergeben	**treu ergeben**
trocken	
auf dem trock[e]nen sitzen *(in [finanzieller] Verlegenheit sein)*	auf dem Trock[e]nen sitzen
auf dem trock[e]nen sein *(festsitzen)*	auf dem Trock[e]nen sein
[seine Schäfchen] ins trock[e]ne bringen/im trock[e]nen haben *(sich wirtschaftlich sichern/gesichert sein)*	[seine Schäfchen] ins Trock[e]ne bringen/im Trock[e]nen haben
im trock[e]nen sein *(geborgen sein)*	im Trock[e]nen sein
tropfnaß	**tropfnass**
Troß	**Tross**

alte Schreibung	neue Schreibung
trüb[e]	
im trüben fischen	im Trüben fischen
(unlautere Geschäfte machen)	
tschechisch/Tschechisch	
vgl. deutsch/Deutsch	
tschüs!	**tschüs!/tschüss!**
türkisch/Türkisch	
vgl. deutsch/Deutsch	
Twostep	**Twostepp**
Typographie	**Typografie,** *auch* **Typographie**
U	
u. ä. *(und ähnliches)*	**u. Ä.** *(und Ähnliches)*
übel	
übelgelaunt	**übel gelaunt**/beraten/gesinnt
der übelgelaunte Affe	der übel gelaunte Affe
übelnehmen	**übel nehmen**/tun/wollen
Überdruß	**Überdruss**
übereinanderlegen	**übereinander legen**/schreiben/ stehen …
überhandnehmen	**überhand nehmen**
Überschuß	**Überschuss**
überschwenglich	**überschwänglich**
übrig	
übrigbehalten	übrig behalten/bleiben/lassen …
das/alles übrige *(andere)*	das/alles Übrige
im übrigen *(sonst, ferner)*	im Übrigen
ein übriges [tun]	ein Übriges [tun]
die/alle übrigen *(anderen)*	die/alle Übrigen
U-förmig	**u-förmig/U-förmig**
Ultima ratio	**Ultima Ratio**
um ein bedeutendes [größer …] *(sehr viel)*	**um ein Bedeutendes** [größer …]
um ein beträchtliches [größer …] *(sehr viel)*	**um ein Beträchtliches** [größer …]
um ein kleines *(wenig)*	**um ein Kleines**
sich um ein kleines irren/verfehlen …	sich um ein Kleines irren/verfehlen …
um so …, *österr.* umso …	**umso**
um so mehr, *österr.* umso mehr/ umsomehr	umso mehr
um so weniger, *österr.* umso weniger/umsoweniger	umso weniger

alte Schreibung	neue Schreibung
umstehendes *(das, was auf der folgenden Seite steht)*	**Umstehendes**
im umstehenden *(umstehend)*	im Umstehenden
unbekannt	
ein Verfahren gegen Unbekannt	ein Verfahren gegen unbekannt
unermeßlich	**unermesslich**
[bis] ins unermeßliche	[bis] ins Unermessliche
ungarisch/Ungarisch	
vgl. deutsch/Deutsch	
ungeheuer	
ins ungeheure [steigern …]	ins Ungeheure [steigern …]
ungewiß	**ungewiss**
Ungewißheit	Ungewissheit
im ungewissen bleiben *(ohne genaue Auskunft)*	im Ungewissen bleiben/lassen/sein
ungezählte [kamen …]	**Ungezählte** [kamen …]
Ungunst	
zuungunsten (*aber:* zu seinen Ungunsten)	zuungunsten/zu Ungunsten
unheilverkündend	**Unheil verkündend**/kündend/bringend
unklar	
[sich] im unklaren [befinden/sein]	[sich] im Unklaren [befinden/sein]
unpäßlich	**unpässlich**
unrecht behalten	**Unrecht behalten**/bekommen/erhalten/geben/haben … (*aber:* sein Tun bleibt unrecht *(falsch)*; sie hat unrecht *(falsch)* gehandelt)
unser/Unser	
das Uns[e]re	das Uns[e]re/uns[e]re
das Unsrige	das Unsrige/unsrige
die Uns[e]ren	die Uns[e]ren/uns[e]ren
die Unsrigen	die Unsrigen/unsrigen
unten	
untenerwähnt *(weiter unten genannt)*	**unten erwähnt**/stehend/genannt
der untenerwähnte Titel	der unten erwähnte Titel
das Untenerwähnte	das unten Erwähnte/Untenerwähnte
untenstehendes *(dieses)*	**unten Stehendes/Untenstehendes**
im untenstehenden *(unten)*	im unten Stehenden/Untenstehenden
unterderhand	**unter der Hand**
untereinanderlegen	**untereinander legen**/schreiben/stellen …
unzählige [kamen]	**Unzählige** [kamen]

alte Schreibung	neue Schreibung
V	
va banque spielen	**Vabanque spielen**, *auch* **va banque spielen**
Varieté	**Varietee,** *auch* **Varieté**
verbleuen	**verbläuen**
verborgen	
im verborgenen [blühen …] *(unbemerkt)*	im Verborgenen [blühen…]
verderbenbringend	**Verderben bringend**
Verdruß	**Verdruss**
verdroß (*zu* verdrießen)	verdross
vereinzelte [kamen …]	**Vereinzelte** [kamen …]
verfaßt (*zu* verfassen)	**verfasst**
verfaß! verfaßt!	verfass! verfasst!
vergißt (*zu* vergessen)	**vergisst**
vergiß! vergeßt!	vergiss! vergesst!
Vergißmeinnicht	**Vergissmeinnicht**
Verlaß	**Verlass**
verläßlich	verlässlich
verlorengehen	**verloren gehen**
verschieden	
verschiedene *(manche)* [kamen …]	Verschiedene [kamen …]
verschiedenste *(manche)* [kamen …]	Verschiedenste [kamen …]
verschiedenes *(manches)* [war unklar]	Verschiedenes [war unklar]
verschiedenstes *(manches)* [war zu hören]	Verschiedenstes [war zu hören]
verschliß (zu verschleißen)	**verschliss**
vertrauenerweckend	**Vertrauen erweckend**/bildend (*aber:* vertrauensbildend)
V-förmig	**v-förmig/V-förmig**
Vibraphon	**Vibraphon,** *auch* **Vibrafon**
vielbefahren	**viel befahren**/beschäftigt/besprochen …
eine vielbefahrene Strecke	eine viel befahrene Strecke
vier *usw. vgl.* acht *usw.*	
viertel	
um [drei] Viertel acht [Uhr]	um [drei] viertel acht [Uhr]
vierzig *usw. vgl.* achtzig *usw.*	
vis-à-vis	**vis-a-vis/vis-à-vis**
voll	
ins volle [greifen] *(viel nehmen [können])*	ins Volle [greifen]
aus dem vollen [schöpfen]	aus dem Vollen [schöpfen]

alte Schreibung	neue Schreibung
im vollen leben *(in Wohlstand)*	im Vollen leben
in die vollen gehen *(etwas mit Nachdruck betreiben)*	in die Vollen gehen
von seiten	**von Seiten/vonseiten**
voneinandergehen *(sich trennen)*	**voneinander gehen**
vorangehen	
im vorangehenden *(weiter oben)*	im Vorangehenden
voraus	
im voraus	im Voraus
zum voraus	zum Voraus
vorausgehen	
im vorausgehenden *(weiter oben)*	im Vorausgehenden
vorhergehen	
im vorhergehenden	im Vorhergehenden
vorhinein	
im vorhinein	im Vorhinein
vorliebnehmen	**vorlieb nehmen**
vormittag/Vormittag *vgl.* abend/ Abend	
Vorschuß	**Vorschuss**
vorteilbringend	**Vorteil bringend**
vorwärtsblicken *(vorausschauen; optimistisch sein)*	**vorwärts blicken**/blickend/gehen/ kommen
W	
Wächte	**Wechte**
Waggon	**Waggon,** *auch* **Wagon**
Walkie-talkie	**Walkie-Talkie**
Walnuß	**Walnuss**
Walroß	**Walross**
wärmespendend	**Wärme spendend**
warmhalten	**warm halten**/machen/stellen …
wasserabweisend	**Wasser abweisend**
Weg	
zuwege [bringen]	zuwege/zu Wege [bringen]
weichgekocht	**weich gekocht**/gedünstet/geklopft/ löten/machen …
weichgekochtes Fleisch	weich gekochtes Fleisch
weinliebend	**Wein liebend**
weiß *usw. vgl.* blau *usw.*	
weißblühend *usw.*	**weiß blühend** *usw.*
aus schwarz weiß machen [wollen]	aus Schwarz Weiß machen [wollen]
der Weiße Tod *(Tod durch Erfrieren)*	der weiße Tod

alte Schreibung	neue Schreibung
weit	
weitgehend/weitergehend	weit/weiter gehend
weitgereist	weit gereist
des weiteren	des Weiteren
im weiteren	im Weiteren
wenigbefahren	**wenig befahren**
eine wenigbefahrene Strecke	eine wenig befahrene Strecke
wesentlich	
im wesentlichen	im Wesentlichen
widereinanderstoßen	**widereinander stoßen**
Wiedersehen	
jemandem auf Wiedersehen sagen	jemandem Auf Wiedersehen/ auf Wiedersehen sagen
wieviel	**wie viel**
wildlebend	**wild lebend/**wachsend
wohlergehen	**wohl ergehen/**tun
Wunder	
wunder was [glauben]	Wunder was [glauben]
wundliegen	**wund liegen/**laufen
wußte, gewußt (*zu* wissen)	**wusste, gewusst**
X	
X-beinig	**x-beinig/X-beinig**
X-förmig	**x-förmig/X-förmig**
Z	
Zäheit	**Zähheit**
Zahlung	
an Zahlungs Statt	an Zahlungs statt
Zäpfchen-R	**Zäpfchen-r/Zäpfchen-R**
zartfühlend	**zart fühlend/**besaitet …
zehn *usw. vgl.* acht *usw.*	
Zeit/zeit	
eine Zeitlang (*aber:* eine kurze Zeit lang)	eine Zeit lang
zeitraubend	**Zeit raubend/**sparend/vergeudend
Zierat	**Zierrat**
zigtausende [kamen …]	**zigtausende/Zigtausende** [kamen…]
Zoo-Orchester	**Zooorchester/Zoo-Orchester**

alte Schreibung	neue Schreibung
zu eigen [nennen/geben/machen]	**zu Eigen** [nennen/geben/machen]
zueinanderfinden *(sich lieben lernen; Freundschaft schließen)*	**zueinander finden**
zufriedenlassen	**zufrieden lassen**/geben/stellen
zugrunde [gehen/richten ...]	**zugrunde/zu Grunde** [gehen/richten ...]
zugunsten (*aber:* zu seinen Gunsten)	**zugunsten/zu Gunsten**
zu Hause [bleiben]	**zu Hause**, *österr., schweiz. auch* zuhause
zulande	**[bei uns] zulande/zu Lande**
zu Lasten [des/der/von]	**zulasten/zu Lasten** [des/der/von]
zu Lasten [gehen]	**zulasten/zu Lasten** [gehen]
zuleide [tun]	**zuleide/zu Leide** [tun]
zumute [sein]	**zumute/zu Mute** [sein]
Zungen-R	**Zungen-r/Zungen-R**
zunutze [machen]	**zunutze/zu Nutze** [machen]
zupaß [kommen]	**zupass** [kommen]
zu Rande [kommen]	**zurande/zu Rande** [kommen]
zu Rate [ziehen]	**zurate/zu Rate** [ziehen]
zusammensein	**zusammen sein**
zuschanden [machen ...]	**zuschanden/zu Schanden** [machen ...]
zuschulden [kommen lassen]	**zuschulden/zu Schulden** [kommen lassen]
Zuschuß	**Zuschuss**
zu seiten	**zu Seiten/zuseiten**
zustande [bringen/kommen]	**zu Stande/zustande** [bringen/kommen]
zutage [treten]	**zutage/zu Tage** [treten]
zuungunsten [ausgehen ...]	**zuungunsten/zu Ungunsten** [ausgehen ...]
zuwege [bringen]	**zuwege/zu Wege** [bringen]
zuviel [des Guten]	**zu viel** [des Guten]
zuwenig [wissen]	**zu wenig** [wissen]
zwanzig *usw. vgl.* achtzig *usw.*	
zwei *usw. vgl.* acht *usw.*	
der zweite/Zweite Weltkrieg	der Zweite Weltkrieg
zwölf *usw. vgl.* acht *usw.*	

Notizen

3 Die Korrekturzeichen

Korrekturzeichen dienen dazu, dass zwei sich verstehen – diejenigen, die Korrekturen in Manuskripte oder Korrekturumbrüche eintragen, und diejenigen, die sie am Satzsystem oder am PC einarbeiten. Sogar wenn Sie ihre eigenen Korrekturen ausführen, ist es im Normalfall leichter für Sie, wenn Sie vorher die bewährten Korrekturzeichen verwendet haben. Die Verwendung der in DIN 16511 genormten Zeichen spart normalerweise Zeit und Geld und erhöht die Sicherheit, dass wirklich alle Korrekturen erkannt und dann auch richtig ausgeführt werden.

Bevor Sie Zeit zum Nachdenken vergeuden, schauen Sie also nach, welche Korrekturzeichen zu verwenden sind. In diesem Kapitel finden Sie nicht alle Korrekturzeichen, aber alle diejenigen, die Sie normalerweise benötigen. Das Kapitel ist zum großen Teil in Anlehnung an die Norm erstellt. Um die Übersichtlichkeit zu erhöhen, haben wir allerdings eine andere Reihenfolge und neue Formulierungen gewählt.

Grundregeln

Grundsätzlich gilt für alle Korrekturen:

- Die Eintragungen sind so deutlich vorzunehmen, dass keine Irrtümer auftreten können.
- Jedes eingetragene Korrekturzeichen ist am Rand zu wiederholen, sofern das Korrekturzeichen nicht für sich selbst spricht.
- Das an den Rand Geschriebene sollte möglichst direkt neben den betreffenden Textzeilen stehen, in denen die Korrektur anzubringen ist, und muss in seiner Reihenfolge den Korrekturen im Text entsprechen.
- Erklärende Vermerke zu einer Korrektur sind in Doppelklammern zu setzen.
- Wenn nichts anderes vereinbart ist, sind alle Korrekturen in Farbe anzubringen (z.B. in Rot).

Wichtige Korrekturzeichen

1. *Andere Schrift* gibt man an, indem man die betreffende Stelle unterstreicht und am Rand die gewünschte Schriftart oder Größe angibt. Gewünschte Kursivschrift können Sie durch eine Wellenlinie unter der betreffenden Textpassage angeben.

2. *Falsche Buchstaben* streichen Sie durch und ersatzen sie am Sand durch die richtigen. Kolmen in einer Zeile mehrere Fehler vor, erhaltex Sie dach Ihrer Reihenfolge unterschiedliche Zeichen. Auch ipt es empfehlenswert, in aufeinanderfolgenuen Zeilen nicht imder die gleichen Korrekturleichen zu verwenden.

3. Kommt der *gleiche Fehler* öftor vor, wiodorholen Sie das Korrekturzeichen am Rand. Es ist auch üblich, in einem somchen Famnl die Zahm der Korrekturen in Doppelklammern anzugeben.

4. *Falsche Trennungen* sind nicht nur am Ende der Ze-ile, sondern auch am folgenden Zeilenanfang anzuzeichnen.

5. Ist nach *Streichung eines Zeichens* die Schreibung der verbleibenden Teile zweifelhaft, dann ergänzen Sie das Tilgungszeichen bei Zusammen-schreibung mit einem Doppelbogen, bei Getrenntschreibung durch das Zeichen z , z.B. bei per-se.

6. *Fehlende Buchstaben oder Satzzeichen* zeichnen Sie an, indem Sie den voranghenden oder folgeden Buchstaben durchstreichen und am Rand gemeinsam mit dem fehlenden wiederholen. Sie können auch das ganze Wot durchstreichen und auf dem Rand berichtigen.

7. *Fehlende Wörter oder Textpassagen* machen Sie durch Winkelzeichen kenntlich und geben ergänzt werden muss.

8. *Überflüssige Buchstaben, Wörter oder Satzzeichen* streicchen Sie durch und bezeichnen Sie auf dem Rand mit dem dem Zeichen für „deleatur“.

9. *Verstellte Buchstaben* streichen Sie durhc und geben Sie auf dem Rand in der richtigen Reihenfolge an. *Verstellte Wörter* kennzeichnen Sie das durch Umstellungszeichen, bei größeren Umstellungen Wörter die beziffern Sie. *Verstellte Zahlen* wie 7411 sind immer ganz durchzustreichen und am Rand richtig zu wiederholen.

10. Sind *Manuskriptstellen (noch) zweifelhaft oder unleserlich*, dann geben Sie oder der Setzer eine Blockade an, z.B. bei „Diamanten vor die Säue werfen“.

11. *Fehlenden Wortzwischenraum* geben Sie mit diesem Zeichenan, zu *weiter Zwischenraum* wird so, *zu enger Zwischenraum* so gekennzeichnet. Soll ein *Zwischenraum ganz wegfallen*, dann deuten Sie das durch zwei Bo gen an.

12. *Nicht Linie haltende Stellen* zeichnen Sie durch über und unter der Zeile gezogene parallele Striche an.

13. *Fehlender Durchschuss* ist durch einen Strich mit nach außen offenem Bogen anzuzeigen.

14. *Zu großer Durchschuss* ist durch einen Strich mit nach

innen offenem Bogen anzuzeigen.

15. Einen *neuen Absatz* kennzeichnen Sie mit dem folgenden Zeichen. Das *Anhängen eines Absatzes* verlangen Sie mit diesem Zeichen,

das die beiden Textteile verbindet.

16. Zu tilgender Einzug erhält einen abgeschlossenen Strich,

fehlender Einzug ist möglichst exakt anzugeben.

17. *Aus Versehen falsch Korrigiertes* machen Sie rückgängig, indem Sie die Korrektur auf dem ~~Rand~~ durchstreichen und Punkte unter die fälschlich korrigierte Stelle setzen. Bitte nicht radieren!

4 Shortcuts für Microsoft Word

Wenn Sie häufig mit dem Textverarbeitungsprogramm Word arbeiten, empfiehlt es sich, einige Kommandos nicht mit der Maus auszuführen, sondern mit der Tastatur. Sie können damit Zeit sparen, die Sie wiederum für andere Tätigkeiten nutzen können. Im Folgenden ist (auf der Basis von Word 6) eine Auswahl der Shortcuts zusammengestellt, die der oder die normale Word-AnwenderIn am häufigsten braucht. Wir haben versucht, die Shortcuts möglichst logisch zu gruppieren, so dass sie für Sie leicht auffindbar sind. Die allereinfachsten Befehle (d.h. diejenigen, für die nur eine Taste benötigt wird) sind nicht enthalten, um den Überblick so einfach wie möglich zu machen.

Viel Spaß beim Arbeiten mit Shortcuts!

Allgemeines

Rückgängigmachen der letzten Aktion	STRG+Z
Wiederholen der letzten Aktion	STRG+Y
Abbrechen	ESC
Rechtsschreibung prüfen	F7
Thesaurus aufrufen	UMSCHALT+F7
Fenster teilen	ALT+STRG+S
Zeilenwechsel	UMSCHALT+ENTER
Neue Seite	STRG+ENTER
Neuer Absatz	ENTER
Suchen	STRG+I
Ersetzen	STRG+H
Gehe zu	STRG+G
Textmarke	STRG+UMSCHALT+F5
Shortcuts einer Taste zuordnen	ALT+STRG++ (auf Zehnertastatur)

Markieren von Text und Grafiken

Bemerkung: Wenn Sie bei diesen Shortcuts die Umschalttaste weglassen, springt der Cursor an die entsprechende Stelle.

Ein Zeichen nach rechts	UMSCHALT+→
Ein Zeichen nach links	UMSCHALT+←

Wortende	STRG+UMSCHALT+→
Wortanfang	STRG+UMSCHALT+←
Zeilenanfang	UMSCHALT+POS1
Zeilenende	UMSCHALT+ENDE
Eine Zeile nach oben	UMSCHALT+↑
Eine Zeile nach unten	UMSCHALT+↓
Absatzanfang	STRG+UMSCHALT+↑
Absatzende	STRG +UMSCHALT+↓
Ein Fenster nach oben	STRG+BILD↑
Ein Fenster nach unten	STRG +BILD↓
Dokumentanfang	STRG+UMSCHALT+POS1
Dokumentende	STRG+UMSCHALT+ENDE
Dokument	STRG+A
Vertikaler Textblock	STRG+UMSCHALT+F8, Pfeiltasten
Bis zu einer bestimmten Stelle im Dokument	F8, Pfeiltasten

Markieren in einer Tabelle

Nächste Zelle	TAB
Vorherige Zelle	UMSCHALT+TAB
Weitere Zellen	UMSCHALT+Pfeiltasten
Spalte	ALT+Linke Maustaste
Gesamte Tabelle	ALT+5 (auf Zehnertastatur)

Zeichenformatierung

Bemerkung: Einige dieser Formatierungen können Sie durch die gleichen Shortcuts auch wieder rückgängig machen.

Format Zeichen	STRG+D
Fett	STRG+(UMSCHALT+)F
Kursiv	STRG+(UMSCHALT+)K
Unterstreichen	STRG+(UMSCHALT+)U
Doppelt unterstreichen	STRG+UMSCHALT+D
Kapitälchen	STRG+UMSCHALT+Q
Normal (Grundschrift)	STRG+UMSCHALT+Z
Höher stellen	STRG++
Tiefer stellen	STRG+#
Gross-/Kleinbuchstaben/Wortbeginn in Großbuchstaben	UMSCHALT+F3
Vergrößern um 1 Punkt	STRG+9
Verkleinern um 1 Punkt	STRG+8

Absatzformatierung

Zeilenabstand vor Absatz einfügen/entfernen	STRG+0 (NULL)
Zentrieren	STRG+E
Blocksatz	STRG+B
Linksbündig	STRG+L
Rechtsbündig	STRG+R
Einzug links vergrößern	STRG+M
Einzug links verkleinern	STRG+UMSCHALT+M
Hängender Einzug	STRG+T
Hängenden Einzug entfernen	STRG+UMSCHALT+T

Formatvorlagen

AutoFormat	STRG+J
Formatvorlage	STRG+UMSCHALT+S
Formatvorlage Standard zuweisen	STRG+UMSCHALT+N

Listen

Aufzählungszeichen zuweisen	STRG+UMSCHALT+L

Löschen

Wort links vom Cursor löschen	STRG+RÜCKTASTE
Wort rechts vom Cursor löschen	STRG+ENTF

Ausschneiden

Text in die Sammlung ausschneiden	STRG+F3
Ausschneiden	STRG+X

Kopieren

Text oder Grafiken	STRG+C
Formatierungen	STRG+UMSCHALT+C

Verschieben

Text oder Grafiken	F2

Einfügen

Text oder Grafiken	STRG+V
Formatierungen	STRG+UMSCHALT+V
Feld	STRG+F9
Sammlungsinhalt	STRG+UMSCHALT+F3
AutoText-Eintrag	Name, ALT+STRG+V

Wichtige Zeichen

Copyright	ALT+STRG+C
Eingetragenes Warenzeichen	ALT+STRG+R
Gedankenstrich	STRG+- (auf Zehnertastatur)
Trennstrich, bedingt	STRG+BINDESTRICH
Trennstrich, geschützt	STRG+UMSCHALT+ BINDESTRICH
Leerzeichen, geschützt	STRG+UMSCHALT+ LEERTASTE

Datei

Neu	STRG+N
Öffnen	STRG+O
Speichern	STRG+S
Speichern unter	F12
Drucken	STRG+P
Schließen	STRG+W
Beenden	ALT+F4

5 Vom Manuskript zum fertigen Produkt

Der Weg zum fertigen Produkt umfasst viel mehr Arbeitsschritte, als den Verfassern von Manuskripten, Textteilen oder Bildern im Normalfall bewusst ist. Häufig haben sie bei der Abwicklung nur mit einem Partner zu tun – etwa einem Redakteur, einem Einkäufer oder dem Sachbearbeiter einer Druckerei oder Agentur. Wer sonst noch an dem Prozess bis zum fertigen Produkt beteiligt ist, das erfahren sie eigentlich nur, wenn irgendetwas nicht läuft wie geplant und sie Informationen bekommen wie „die Lithos sind noch nicht fertig", „leider gibt es Probleme in der Buchbinderei" oder Ähnliches.

Aber jeder, der etwas schreibt, sollte auch wissen, welche Arbeitsgänge zwischen Idee und fertigem Produkt liegen. Dann wird er (oder sie) sich kaum noch über die „relativ lange Dauer" von der Planung oder Manuskriptbearbeitung bis zum fertigen Produkt wundern.

Wir wollen den Ablauf an zwei typischen Medien der Verlagsbranche deutlich machen: An der Zeitschrift und am Fachbuch, da hier die Schwerpunkte auf stark unterschiedlichen Tätigkeiten liegen. Letztendlich sind aber bei allen Manuskripten, die in irgendeiner Form gedruckt werden sollen, vom Prinzip her ähnliche Abläufe zu erwarten. Insbesondere bei technischer Dokumentation ist mit einem deutlich höheren Aufwand für Abstimmung des Inhalts und die Freigabe zu rechnen, dafür wird bei der Produktion oft ein einfacherer Weg mit einem optisch weniger anspruchsvollen Ergebnis gewählt.

Hier soll es mehr oder weniger nur um die Prozesse der Manuskripterstellung und der Produktion gehen. Nicht betrachtet werden die strategische Planung von Verlagen und der Komplex des Marketing, also die Werbung und die vertriebliche Logistik. Dies ist der Punkt, wo man – falls man nicht Publikationen für ganz fest umrissene, kleine Zielgruppen macht – als Partner einen Verlag oder einen Dienstleister mit einer ganz besonderen Leistungsstruktur benötigt. Auch auf Rechtsfragen geht dieses Kapitel nicht intensiver ein, hierzu finden Sie in Kapitel 8 genauere Informationen.

Beginnen wir mit dem klassischen Verlagsprodukt, dem Buch.

5.1 Das Fachbuch

Viele der nun beschriebenen Phasen greifen zeitlich ineinander, manchmal ist die Reihenfolge (außer bei der abschließenden Produktion natürlich) auch verändert, aber im Prinzip gibt es bei allen Büchern die gleichen Phasen.

Die Idee

Am Anfang eines jeden Fachbuchs steht „die Idee". Die Idee kann vom Experten selbst stammen, der gerne ein Buch schreiben oder herausgeben möchte oder vom Verlag, der bei einem Thema eine Marktlücke oder eine gute Möglichkeit zur Ergänzung seines Programms sieht.

Der Anstoß kann aber zum Beispiel auch von einer Firma, einem Unternehmen oder einer seiner Abteilungen kommen: Sie können Fachbücher oder Fachbuchreihen nutzen, um ihr Know-how oder ihr Produktwissen zu Zwecken der unternehmensinternen Aus- oder Weiterbildung, zur Nachwuchsförderung, als Kundeninformation, zur Imagebildung oder zu Marketingzwecken unter dem Namen des Unternehmens zu verbreiten. Oder sie setzen Fachbücher ein, um ihre Technologien in anderen Ländern (z.B. in Südostasien) bekannt zu machen und sich damit einen Wettbewerbsvorteil zu verschaffen.

Es gibt auch einen Veröffentlichungszwang, nämlich bei Dissertationen; aber die wenigsten Dissertationen sind für eine größere Zielgruppe interessant.

Autorensuche

Eine der schwierigsten Phasen ist meist die Autorensuche. Ein Verlag oder Herausgeber wird in der Regel nach Spezialisten für die zu bearbeitenden Themengebiete suchen und mit diesen das Konzept besprechen. Wirkt ein Unternehmen als Herausgeber, wird es die Autoren meist mehr oder weniger „dienstverpflichten" (siehe dazu auch Kap. 8). Obwohl der gesamte Zeitaufwand zur Autorensuche relativ gering im Vergleich zum insgesamt nötigen Aufwand bis zur Fertigstellung eines Buchs ist, zieht sie sich – wahrscheinlich als Folge der „Hemmschwelle in der Startphase" – oft über einen langen Zeitraum hin.

Manchmal gibt es auch den „Glücksfall", dass ein Autor oder Herausgeber schon ein fast fertiges Manuskript hat. Dann ist meistens nur noch etwas „Feinarbeit" an Text oder Bildern nötig.

Marktanalyse und Kalkulation

Ist die Idee klar umrissen, dann folgt eine Marktanalyse: Wer sind die potenziellen Käufer, wie viele sind es, wie kann man sie erreichen, welches Niveau ist dafür anzustreben, gibt es Konkurrenzwerke, wie muss sich das Werk von diesen absetzen, soll z.B. eine Diskette oder CD-ROM beigefügt werden, welcher Verkaufspreis lässt sich erzielen und welche Auflagenhöhe absetzen? In die meist parallel zur Marktanalyse erstellte Kalkulation geht eine große Zahl geschätzter (oder manchmal auch exakt vorgegebener) Daten ein: Format, Umfang, Gestaltung, Zahl der Bilder, Tabellen, Honorare, notwendiger Grad der Manuskriptbearbeitung, Werbe- und Vertriebsaufwand, Vorbestellungen und Subventionen, Laufzeit der Auflage usw.

Vertragsphase

Passen Marktanalyse und Kalkulation in ihrem Ergebnis zusammen und sind sich Verfasser und Verlag einig, dann steht der Publikation nichts mehr im Wege. Die Beteiligten unterzeichnen im Normalfall gemeinsam einen Vertrag. Je nach der Art des Zustandekommens des Manuskripts und der Art und Weise der Honorierung ist das aber nicht immer erforderlich.

Vorwort, Werbetext, Marketingkonzept

Im Idealfall gut ein Jahr, mindestens aber 6 bis 7 Monate vor Erscheinen des Buchs benötigt der Verlag einen möglichst guten Entwurf des Vorworts, eine exakte Inhaltsangabe und etliche weitere Informationen, um einen Werbetext schreiben zu können und das Marketingkonzept zu beschließen. Je früher alle relevanten Informationen beim Verlag sind und je exakter der geplante Erscheinungstermin eingehalten wird, desto besser sind die Verkaufsaussichten. Im Idealfall wird schon in dieser Phase der Umschlag gestaltet, damit er früh genug in den Werbemedien des Verlags abgebildet werden kann.

Manuskriptstadium

Nun folgt das Stadium der Manuskripterstellung (häufig beginnt die Manuskripterstellung aber schon mit der Idee und die Inhalte der Bücher sind in der Vertragsphase bereits zum großen Teil fertig). Was Struktur, Gliederung, Art der Formulierung, Bildgestaltung und „Technik" betrifft, sollten Sie sich als Verfasser möglichst bald mit dem Verlag absprechen, das erspart oft viel Mühe und einige Missverständnisse. Kapitel 7 dieses Buchs gibt Ihnen dafür viele wichtige Hinweise. Wenn die Inhalte des Buchs Ihr berufliches Arbeitsgebiet berühren, vergessen Sie nicht, das Buch bei den zuständigen Stellen Ihrer Firma freigeben zu lassen.

Soll dem Buch ein elektronisches Medium (Diskette oder CD-ROM) beigefügt werden, so gehört das Zusammenstellen der Inhalte ebenso in die Manuskriptphase. Der Ersteller hat auch darauf zu achten, dass seine Diskette virenfrei ist.

Redaktionsphase

Im Normalfall prüft ein Redakteur des Verlags Ihr Manuskript und Ihre Bilder. Je nach Terminsituation, Kostendruck, Art und Komplexität des Inhalts und Ihrer Zuverlässigkeit als Autor geschieht dies kapitelweise oder im Ganzen, einmal, zweimal oder sogar öfter. Seien Sie kooperativ, denn in Verlagen müssen viele unterschiedliche, teilweise zeitlich nur schwer planbare Tätigkeiten koordiniert werden. Meistens ist es am praktischsten, wenn Sie die – normalerweise handschriftlichen – Korrekturen des Redakteurs in Manuskript und Bildern direkt in Ihre Dateien eintragen. Ein möglichst reibungsloser Ablauf liegt sicher auch in Ihrem Interesse als Autor.

Übersetzung

Wird Ihr Manuskript für eine fremdsprachige Ausgabe des Buchs übersetzt, so kann dies mehrere Monate dauern, da in einer Übersetzung viele Stunden Arbeit stecken.

Satz, Grafikerstellung

Nun folgen die für den Autor kaum zu überblickenden Prozesse. Der Verlagshersteller („Producer"), dessen Aufgabe es ist, den gesamten Produktionsprozess zu steuern, gibt dem Setzer vor, wie er das Buch zu setzen hat. Er macht Vorgaben für den Grafiker, wie die Bilder nach den Vorlagen des Autors anzufertigen sind. Für Satz und Grafikerstellung durch Setzer bzw. Zeichner ist mit einem Aufwand von einigen Wochen zu rechnen.

Günstiger ist es aber, und schon fast der Standardfall, wenn der Autor seine Grafiken nach den Vorgaben des Verlags erstellt. Das geht insgesamt schneller, ist für den Autor meist kaum zeitaufwendiger und gibt weniger Chancen zum Verursachen von Fehlern. Und, was ganz wichtig ist: Die dadurch zusätzlich erzielte Kostenersparnis ermöglicht fast immer einen niedrigeren Buchpreis und erhöht die Absatzchancen.

Umbruchkorrektur

Autor und Korrektor (das ist oft der Redakteur selbst) erhalten jetzt den Umbruch zum Korrekturlesen. Sie lesen parallel oder in beliebiger Reihenfolge nacheinander, sollten aber alle kritischen Korrekturen miteinander besprechen, um Fehler bei der Ausführung in der Setzerei oder beim Grafiker auszuschließen. Vorgegebene Termine für die Abgabe der Korrekturen sind unbedingt zu berücksichtigen, sonst ist der geplante Erscheinungstermin kaum einzuhalten. Es sollten auch wirklich nur noch ganz dringende Korrekturen angegeben werden, denn Änderungen sind in dieser Phase teuer. Autor oder Herausgeber geben nun den Umbruch mit den angegebenen Korrekturen bzw. Änderungen druckfrei.

Satzkorrektur, Druckfreigabe, Druck

Der Setzer (oder bei den Bildern evtl. auch der Grafiker) führt die Korrekturen aus. Der Verlagshersteller prüft noch einmal, ob alle Korrekturen zur Zufriedenheit ausgeführt sind. Es folgt die Bogenmontage, bei der die Seiten in der richtigen Anordnung auf Druckbogen montiert werden. Die nächste Phase, der eigentliche Druck, geht recht schnell.

Binden

Die bedruckten Bogen werden gefalzt, bei hochwertigen Büchern fadengeheftet, aufeinandergelegt, mit einem Gazeband verklebt und an drei Seiten beschnitten. Für den Einband wird ein Umschlag bedruckt und lackiert, ein Karton damit kaschiert und anschließend genutet. In diesen Einband wird der Buchblock „eingehängt“.

Auslieferung, gesamte Herstelldauer

Vom letzten Arbeitsgang in der Buchbinderei bis zu dem Zeitpunkt, zu dem das Buch auf Lager liegt oder beim Buchhändler ist, vergehen noch einmal einige Tage. Bei weniger umfangreichen, einfachen Büchern muss man für den ganzen Zeitraum der Produktion ab Übergabe an den Verlagshersteller mindestens mit zwei Monaten, bei Büchern mit einigen 100 Seiten und vielen Grafiken mit bis zu etwa 8 Monaten rechnen. Das sind Erfahrungswerte aus unserem Verlag, der eher zu den „schnellen Verlagen“ zählt.

Es gibt natürlich auch Ausnahmen: Bücher zur Fußball-WM oder hochaktuelle DV-Bücher. Aber bei solchen Publikationen ist der schnelle Ablauf von vornherein geplant, wesentlicher Bestandteil der Marketingstrategie und muss natürlich auch extra bezahlt werden.

Honorierung

Wenn Ihr Verlag mit Ihnen ein Pauschalhonorar vereinbart hat, ist jetzt ein üblicher Zeitpunkt für die Auszahlung, wenn ein Umsatzhonorar vereinbart wurde, erfolgt die Auszahlung normalerweise jährlich auf der Basis der verkauften Stückzahlen (siehe dazu auch Kapitel 8).

Electronic Publishing

Sie haben in diesem Abschnitt das „Elektronische Publizieren“ vermisst? Hier müsste eigentlich erst eine Begriffsdefinition folgen.

Darunter kann man z.B. das Erstellen eines reproduktionsreifen Manuskripts durch den Autor verstehen, d.h. das Verlagern des Satzes, der Bilderstellung und der Umbruchkorrektur in die Phase der Manuskripterstellung. Im Idealfall liefert der Autor dann einen (oder mehrere) Datenträger mit den belichtungsfertigen Dateien. Diese Art von „Desktop-Publishing" ist von den meisten Verlagen durchaus gewünscht; es spart im Allgemeinen Kosten und manchmal auch Zeit, ist aber technisch nicht unbedingt einfach zu realisieren.

Genauso oft bezeichnet man damit das Publizieren von Disketten und CD-ROMs oder das Publizieren in Datenbanken und -netzen.

Ein ganz neues Thema ist „Publishing on Demand". Mit schnelleren Druckern und Online-Verbindungen wird es wahrscheinlich irgendwann möglich sein, Bücher nicht mehr in der Druckerei zu produzieren, sondern sie einfach vor Ort oder im Laden auszudrucken. Solche Bücher werden voraussichtlich einfach gestaltete Informationsmedien sein – ohne handliches Format oder schönen Einband, aber nicht unbedingt billiger. Doch das ist vorläufig noch Zukunftsmusik.

Publishing on Demand

5.2 Die Zeitschrift

Im Prinzip läuft der Prozess bei Zeitschriften ähnlich ab wie beim Buch, allerdings gibt es einen ganz wesentlichen Unterschied: Ihr Artikel ist einer von vielen, d.h., es ist noch wichtiger, sich mit gegebenen Abläufen und Terminen abzufinden. Wenn Sie Ihren Artikel im letzten Moment vor Redaktionsschluss abgeben, dann geraten Sie unter Umständen in der Korrekturphase kräftig unter Zeitdruck.

Aber nun zu den Abläufen. Die im Folgenden angegebenen Zeiträume sind typisch für eine Fachzeitschrift mit 6 bis 12 Ausgaben im Jahr.

Für fast jede Fachzeitschrift gibt es eine Jahresplanung. Darin sind die Umfänge der einzelnen Ausgaben des Jahrgangs festgelegt, die Aufteilung des Etats für die einzelnen Posten, und unter Umständen auch schon ein Teil der Themenplanung. Einige Monate vor Erscheinen gibt es dann eine detaillierte Planung für die einzelnen Hefte. Darin sind die Heftinhalte festgelegt, oft gibt es auch „Schwerpunkthefte" zu einzelnen Themenbereichen.

Heftplanung

Viele Fachzeitschriften haben einen Beirat, der die allgemeine Ausrichtung der Zeitschrift festlegt, die Planung mitbestimmt, der unter Umständen auch als Herausgeber fungiert und dessen Mitglieder oft Beiträge zu einzelnen

Beirat

Themen anstoßen oder Beiträge von Autoren an die Redaktion weiterreichen.

Autorensuche

Zeitschriftenredaktionen suchen sich ihre Autoren z.B. auf Tagungen und Messen oder bei Unternehmen. Bei Firmenzeitschriften läuft die Autorensuche oft auch über die für Fachveröffentlichungen zuständigen Dienststellen. Viele Zeitschriften haben auch einen Stamm von Autoren, die ihnen immer wieder aktuelle Beiträge liefern.

Manuskriptstadium

Ca. 4 Monate vor Erscheinen beginnen die Autoren mit dem Anfertigen ihrer Manuskripte und Bildvorlagen. Davor teilt ihnen die Redaktion mit, welchen Umfang ihr Beitrag haben und wie er technisch aufbereitet sein sollte. Etwa 2 ½ Monate vor Erscheinen des „Hefts" ist Redaktionsschluss. Allerspätestens bis dahin sollten Manuskript und Bildunterlagen bei der Redaktion eingegangen sein; falls eine fachliche Freigabe notwendig ist, sollte sie der Autor bis zu diesem Zeitpunkt schon besorgt haben.

Redaktionsphase

Nun wird der Artikel redigiert, das kann zwischen einem Tag und mehreren Wochen dauern, je nach Termindruck und der Reihenfolge des Eintreffens der einzelnen Beiträge. Manchmal besorgt sich die Redaktion auch zusätzliches Material, z.B. Fotos als „Aufmacher" oder ergänzende Fachinformationen. Schließlich erhält der Autor seinen redigierten Artikel zur Prüfung und Freigabe, oft in einem Probelayout, aus dem deutlich wird, an welchen Stellen er noch etwas kürzen oder ergänzen sollte. Oft hat der Autor nur ganz kurz Zeit zur Kontrolle, manchmal sogar nur einen Tag.

Satz, Layout, Grafik, Umbruch

Es folgen Satz, Layout, Grafik- und Umbrucherstellung. Je Beitrag muss man dafür 2 bis 3 Wochen veranschlagen, für die gesamte Ausgabe der Zeitschrift 4 bis 5 Wochen.

Druckfreigabe

Es folgt noch ein Korrekturgang in der Redaktion; der Autor bekommt (bei den meisten Zeitschriften) den Artikel ebenfalls noch einmal zur endgültigen Freigabe.

Druck, Versand

Die Korrekturen werden ausgeführt und noch einmal durch die Redaktion geprüft. Dann folgen die gleichen Arbeitsgänge wie beim Buch, nur das Binden ist weniger kompliziert. Für diese letzte Phase inklusive Versand sind noch einmal rund 3 Wochen zu veranschlagen.

Honorar

Der Autor erhält im Normalfall für das Abtreten der Veröffentlichungsrechte ein Honorar, mit dem meistens neben der Publikation des Beitrags in der Zeitschrift auch weitergehende Rechte, z.B. die Online-Veröffentlichung seines Beitrags, abgegolten sind.

Das „Heftmachen" ist ein komplexer Vorgang, bei dem viel Koordinationsarbeit zu leisten ist. Vergessen Sie das nicht und halten Sie vorgegebene Termine ein! Und, je besser Sie in der Zeit liegen, desto eher können Sie auch erwarten, dass Ihr Beitrag optimal bearbeitet und gestaltet wird.

6 Seitengestaltung und Typographie

Dieses Kapitel gibt Ihnen eine kurze Einführung in Seitengestaltung (Layout) und Typographie. Sie soll Ihnen ermöglichen, den Experten zu verstehen und einfache Seitengestaltungen selbst durchzuführen.

6.1 Die Elemente einer Seite

Bild 6.1 zeigt den Doppelseitenaufbau eines Buches mit den wesentlichen Elementen einer Seite. Die einzelnen Spalten eines Buches oder einer Zeitschrift bezeichnet man auch als „Kolumnen", die gesamte mit Kolumnen bedruckte Fläche inklusive der Marginalienspalte bezeichnet man als „Satzspiegel".

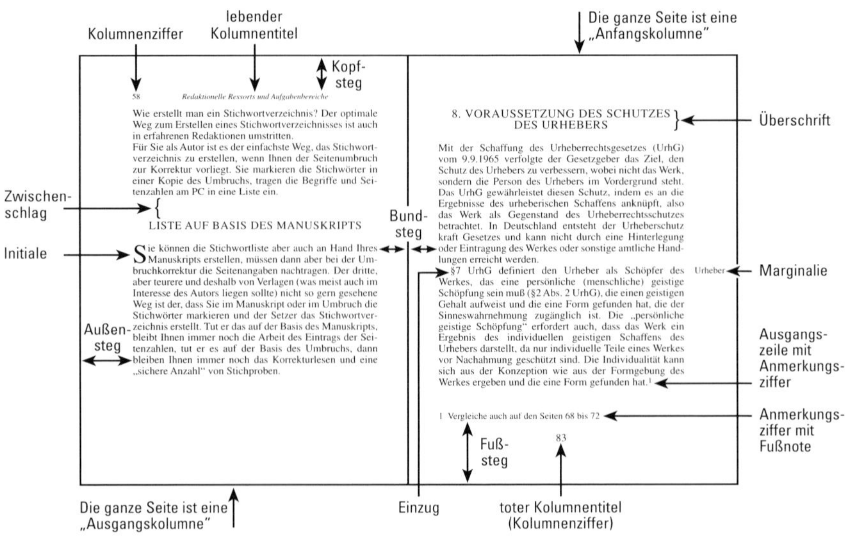

Bild 6.1
Der Doppelseitenaufbau eines Buches mit satztechnisch-typographischen Begriffen

Optische Ausgewogenheit

Bei der Gestaltung einer Seite ist grundsätzlich auf die Ausgewogenheit der einzelnen Elemente zu achten. So dürfen die Abstände zwischen einzelnen Textspalten oder zwischen Marginalien- und Textspalte nicht zu groß oder zu klein sein (gute Größenordnung: 5–7 mm). Auch müssen die Breiten der einzelnen Spalten sinnvoll gewählt sein: Die Breite der Textspalten sollte sich nach der Anzahl der Zeichen je Zeile richten (siehe 6.2). Ist eine Marginalienspalte zu breit, ist das Platzvergeudung, ist sie zu schmal, dann laufen die Marginalien über mehrere Zeilen und lassen sich nicht mehr mit einem Blick erfassen.

Block- und Flattersatz

Meist wählt man Blocksatz, da er optisch besser wirkt. Bei schmalen Spalten ist aber oft der Flattersatz (linksbündiger Satz) vorzuziehen, damit zu große Abstände zwischen den einzelnen Wörtern vermieden und sinnvolle Trennungen erleichtert werden. Auch bei Auflistungen ist häufig der Flattersatz die bessere Wahl, selbst wenn der übrige Text in Blocksatz steht. Bildunterschriften, Tabellenüberschriften und Bildlegenden sollten grundsätzlich linksbündig gesetzt sein.

Kolumnentitel

Zur besseren Orientierung enthalten viele Bücher oder Fachzeitschriften in der Kopfzeile sogenannte „lebende Kolumnentitel“, die auf das jeweilige Kapitel oder den Themenkreis hindeuten. In den meisten unserer Bücher finden Sie links oben die Überschrift 1. Ordnung, rechts oben die Überschrift 2. Ordnung. Wie in diesem Buch sind die lebenden Kolumnentitel oft durch eine feine Linie vom Fließtext getrennt oder sie sind auf andere Weise optisch abgesetzt.

Seitenzahlen

„Tote Kolumnentitel“ enthalten nur die Seitenzahl. Sie kann am oberen oder unteren Seitenrand stehen, innen oder außen. Verlage handhaben dies normalerweise für ihre jeweiligen Publikationsreihen einheitlich.

Jede Publikation mit doppelseitigem Aufbau beginnt mit einer rechten Seite. Das bedeutet, dass ungerade Seitenzahlen generell eine rechte Seite bezeichnen, gerade Seitenzahlen eine linke. Bei Zeitschriften beginnt die Zählung im Allgemeinen mit der Titelseite, bei Büchern wird der Einband nicht mitgezählt. Bei manchen Zeitschriften oder Dokumentationen gibt es abweichende Zählweisen. So werden z.B. vorangestellte Kurzübersichten oder eingeheftete Sonderteile oft getrennt gezählt, d.h. mit anderen Ziffern durchgezählt als die übrigen Seiten.

Bilder und Tabellen

Bilder und Tabellen wirken meist dann am besten, wenn ihre Breite einer oder der Breite mehrerer Spalten entspricht (es sei denn, sie werden gekonnt als optisches Gestaltungsmedium eingesetzt). Das Umrahmen oder Unterlegen ist dabei ein häufig genutztes Hilfsmittel zum Erzielen der gewünschten Breite. Es führt aber nur selten zu einem guten Ergebnis.

Mehr Informationen über Bilder und Tabellen finden Sie in den Abschnitten 7.5 und 7.6.

6.2 Schriften, Schriftgröße, Zeilen, Absätze

Man unterscheidet zwischen serifenlosen Schriften und serifenbetonten Schriften. Bei serifenbetonten Schriften haben die Strichenden der Buchstaben auf der Grundlinie „Füßchen" (Serifen). Dadurch sind Texte schneller und eindeutiger erfassbar. Serifenbetonte Schriften werden hauptsächlich dort eingesetzt, wo größere Textmengen vermittelt werden, d.h. für Zeitungen, Zeitschriften und Bücher, serifenlose insbesondere in der Werbung.

Gängige Schriften

Der Fließtext in diesem Buch ist in der serifenbetonten Schrift „Times Roman", die Marginalien sind in der serifenlosen Schrift „Univers" gesetzt.

Times Roman

Aufgrund ihrer guten Lesbarkeit, ihrer Verfügbarkeit in allen Arten von DTP- und Satzprogrammen und des Umfangreichtums der Schriftfamilie (d.h. zusammenpassende Schriftarten in vielen Größen für Grundschrift, kursive, halbfette, fette, enge Schrift, Kapitälchen, Formelsatz usw.) ist die „Times Roman" fast eine Art Standardschrift für Bücher und Zeitschriften. Aber Vorsicht: Die Schriftschnitte unterschiedlicher Schriftenhersteller unterscheiden sich geringfügig, so dass sich die Umbrüche zwischen Manuskript und Korrekturfahne leicht verändern können! Das wirkt sich insbesondere auf Zeilenumbrüche und Trennungen aus.

Andere gut lesbare Schriften mit Serifen sind z.B. die Garamond oder die Century Schoolbook.

Serifenlose Schriften

Gängige serifenlose Schriften sind z.B. die Helvetica oder die Arial, die bei weitem nicht so elegant wirkt wie viele andere Schriften, aber sich auch bei Vervielfältigung in schlechter Qualität (z.B. durch Faxen) noch gut lesen lässt.

Viele Unternehmen haben eine „Hausschrift" gewählt, die sie für die meisten ihrer Anzeigen, Werbeschriften, Informationsbroschüren oder die Gestaltung ihrer Geschäftspapiere nutzen. Dadurch erhalten die Publikationen ein einheitliches Erscheinungsbild.

Schriftgrößen und Zeilenabstand

Welche Schriftgröße und welchen Zeilenabstand wähle ich für welche Art von Information? Das ist abhängig von der Art und Menge der zu vermittelnden Information, vom zur Verfügung stehenden Format, von den Lesegewohnheiten der Zielgruppe und bei Büchern und Zeitschriften letztendlich auch von der Strategie des Verlags oder Herausgebers.

Der typographische Punkt

Typographische Basiseinheit ist der „Punkt" (pt). In DTP-Programmen entspricht 1 pt 0,351 mm. Der „historische" Didot-Punkt (0,376 mm) wird immer seltener zur Angabe typographischer Größen verwendet.

Grundschrift

Der Fließtext dieses Buches ist in einer Schriftgröße von 10 (DTP-)Punkt mit einem Zeilenabstand von 11 Punkt gesetzt – kurz bezeichnet als 10/11 pt (d.h. die Grundschrift des Buches ist eine Times Roman 10/11 pt, sprich „10 auf 11 Punkt"). Für die Marginalien haben wir 9/11 pt gewählt. Diese Schriftgrößen sind mit dem Auge noch ganz gut lesbar, der Zeilenabstand wirkt harmonisch. Für gute Lesbarkeit sollte der Zeilenabstand bei längeren Texten gleich der Schriftgröße plus 1 oder 2 pt betragen, für die Grundschrift sind 9 bis 12 pt empfehlenswert, für Bildbeschriftungen sind mindestens 7 pt nötig (siehe auch Abschnitt 7.5).

Durch eine – für den Laien optisch kaum wahrnehmbare – größere Schrift lassen sich auf einfache Weise viel mehr Seiten erzielen: Wäre dieses Buch z.B. in 11/12 pt gesetzt, hätte es 20% mehr Seiten, bei 12/14 pt knapp 60%. Und hätten wir zusätzlich einen kleineren Satzspiegel gewählt, wären es noch mehr Seiten. Ein dickes Buch kann also unter Umständen eine deutlich kleinere Textmenge enthalten als ein dünnes!

Laufweite

Außerdem lässt sich noch die „Laufweite" der Schrift modifizieren, indem man die Abstände der einzelnen Buchstaben vergrößert oder verkleinert. Ebenso wie größerer Zeilenabstand ist das aber im Normalfall nur für Texte mit besonderer Gestaltung interessant, z.B. für Werbung, Überschriften, Plakate, Geräte- oder Verpackungsbeschriftungen.

Zeilenlänge

Ist das Format größer, dann wählt man im Allgemeinen auch eine größere Schrift. Für das schnelle Erfassen des Textes sind Zeilenlänge und Zeilenabstand von großer Bedeutung. Generell sollten in einer Zeile nicht mehr als 55 bis 60 Zeichen stehen, was aber z.B. bei Büchern wegen der großen Textmengen oft nur schwer realisierbar ist.

Absätze

Ein Text ist nur gut lesbar, wenn alle paar Zeilen ein neuer Absatz folgt (siehe dazu Abschnitt 7.2). Der Abstand zum nächsten Absatz kann z.B. eine Leerzeile betragen. Besser sieht es aber meistens aus, wenn Sie nur ca. ½ Leerzeile, also ca. 6 pt als Abstand nach einem Absatz einfügen. DTP-Programme bieten auch die Möglichkeit, Abstand vor einem Absatz einzufügen. Das ist meist nur interessant, wenn Texte umrahmt oder hinterlegt werden sollen (also bei Tabellen oder Infokästen) oder vor Kapitel- oder Zwischenüberschriften.

Seitenausgleich

Wird Ihr Text von einem Setzer weiterverarbeitet, dann führt dieser normalerweise einen Spalten- bzw. Seitenausgleich durch, indem er zwischen den einzelnen Absätzen weiteren Durchschuss einfügt. Der Seitenausgleich ist nötig, damit Seiten nicht mit einzelnen Zeilen aufhören oder beginnen, Zwischenüberschriften nicht allein am Ende einer Seite stehen oder damit neue Kapitel auf einer neuen Seite beginnen können.

Überschriften

Überschriften sind deutlich auszuzeichnen und vor bzw. nach den Überschriften ist ein Textabstand einzufügen, durch den die Gliederung des Textes deutlich sichtbar wird.

Überschriften 1. Ordnung sind z.B. in diesem Buch mit halbfetter Schrift in 16/18 pt ausgezeichnet, Überschriften 2. Ordnung in 13/14 pt halbfett, Überschriften 3. Ordnung und die Zwischenüberschriften in 10/11 pt halbfett.

Beim Auszeichnen von Überschriften sollten Sie deutlich die Hierarchie betonen. Überschriften der *n*. Ordnung sollten demnach immer auffälliger, d.h. in der Regel fetter und/oder größer sein als Überschriften der Ordnung $n+1$. Ein mehrfacher Wechsel zwischen fett und kursiv irritiert meistens und die Wahl einer anderen Schrift ist oft nur dann sinnvoll, wenn Sie diese Schriftart für die Überschriften aller Ordnungen verwenden. Zudem muss diese Schriftart optisch mit der Grundschrift harmonieren.

Sonstige Textauszeichnungen

Zu diesem Thema verweisen wir auf den Teil „Optische Hervorhebungen" im Abschnitt 7.2. Dort finden Sie Informationen über die Auszeichnung von Wörtern, Satzteilen, Merksätzen, Zusammenfassungen und Auflistungen bzw. Aufzählungen.

7 Tipps für Autoren

Dieses Kapitel gibt Ihnen einen Überblick über die formalen und stilistischen Aspekte, die Sie als Autor berücksichtigen sollten. Je früher Sie wissen, worauf Sie beim Strukturieren, beim Schreiben und beim Erstellen von Bildern, Tabellen, Verzeichnissen usw. zu achten haben, desto leichter wird Ihnen das Schreiben fallen.

7.1 Einstieg und Inhaltselemente

Zielsetzung

Bevor Sie Inhalte festlegen und mit dem Schreiben beginnen, müssen Sie sich über Zielsetzung (Was will ich mit meinem Beitrag erreichen?), Zielgruppen bzw. Zielpersonen sowie den Nutzen Ihres Beitrags für die Leser im Klaren sein. Erst dann sollten Sie Inhalte sammeln und prüfen, ob diese der Zielsetzung und den Erwartungen der Leser entsprechen. Achten Sie zusätzlich darauf, nur solche Inhalte auszuwählen, die über die vorgesehene Aktualitätsdauer gültig bleiben.

Titel, Inhalt, Gliederung, Schreibstil sowie Informationsinhalt und -darstellung in Bildern und Tabellen sind auf die Zielgruppe auszurichten.

Der Titel

Der Titel gibt eine möglichst klare Kurzdefinition des Inhalts. Bei Fachbüchern, Zeitschriftenbeiträgen und Vertriebsmaterialien wirbt er direkt für die Veröffentlichung, muss also anziehende Wirkung auf die Leser ausüben.

Der Untertitel

Der Rahmen für Länge und Formulierung des Untertitels wird im Allgemeinen vom Verlag oder Herausgeber vorgegeben. Der Untertitel kann aus einem attraktiven Slogan bestehen („Ihre Eintrittskarte ins ...“), kann die Zielgruppe direkt ansprechen („Das Handbuch für ...“) oder eine genauere Angabe des Inhalts präsentieren. Bei Zeitschriften kann auch der Untertitel eine Kurzdefinition des Inhalts darstellen, falls der eigentliche Titel nur als Aufreißer fungiert.

Das Vorwort

Fachbücher, viele Ausarbeitungen und Dokumentationen haben normalerweise ein Vorwort. Schon das Wörtchen „Vorwort“ sagt es aus: Kurz muss es sein, sonst sind die

Chancen gering, dass der Leser ausreichend Notiz davon nimmt. Aufgabe des Vorworts ist es, der Zielgruppe den Nutzen darzustellen, Wissen über Hintergründe zur Entstehung und zum Thema zu geben, einen kurzen Überblick über den Inhalt zu präsentieren und (bei Nachauflagen) anzugeben, was sich gegenüber vorherigen Versionen geändert hat. Das Vorwort dient häufig auch als Grundlage für den Werbetext.

Die Einführung

Am Beginn vieler Texte steht eine Einführung. Sinnvoll ist sie dann, wenn Sie den Leser behutsam an ein Thema heranführen wollen, wenn Sie ihm zeigen wollen, wie der folgende Text aufgebaut ist und warum, um ihm das Umfeld des Themas deutlich zu machen oder wichtige Definitionen voranzustellen. Beispielsweise sollte eine Einführung für ein Buch zum Thema Projektmanagement erläutern, was denn ein Projekt überhaupt ist.

Der Fließtext

Es folgt der eigentliche Fließtext. Wie er zu strukturieren ist, erfahren Sie im Abschnitt 7.2; Arbeitstechniken zur Gliederung der Inhalte präsentiert Ihnen Abschnitt 9.4. Fachartikel, Präsentationen usw. beschließt man im Allgemeinen mit einem Fazit, einer Zusammenfassung oder einem zukunftsorientierten Ausblick. Auch in Fachbüchern kann ein Blick in die Zukunft normalerweise nicht schaden (siehe auch Abschnitt 9.3).

Das Glossar

Wenn Ihr Text viele erklärungswürdige Fachbegriffe oder Abkürzungen enthält, die immer wieder auftauchen oder deren Erklärung das Verstehen des Fließtexts erschweren würde, dann sollten Sie diese in einem Glossar lexikalisch zusammenstellen und dort erläutern. Die richtige Stelle für ein Glossar ist nach dem Fließtext vor dem Literaturverzeichnis oder bei einem Zeitschriftenbeitrag in einem separaten Kasten.

Verzeichnisse

Am Ende von Fachbüchern oder Dokumentationen stehen das Literaturverzeichnis (siehe Abschnitt 7.7) und das Stichwortverzeichnis (siehe Abschnitt 7.8). Verzeichnisse der Bilder oder Tabellen sind bei den wenigsten Publikationen sinnvoll, Listen der verwendeten Formelzeichen hingegen können sehr praktisch sein, wenn man nicht bei jeder Formel alle Formelzeichen auflisten will. Der richtige Platz für solche Verzeichnisse oder Listen ist meist vor dem Literaturverzeichnis.

7.2 Struktur und Gliederung

Bei längeren Textbeiträgen (z.B. für Bücher oder Dokumentationen) muss dem Leser die inhaltliche Gliederung deutlich gemacht werden, damit er sich leichter orientieren kann und an jeder Stelle seinen „Standort“ kennt.

Kapitel und Abschnitte

Gliedern Sie Ihren Beitrag zunächst nach thematischen Schwerpunkten in einzelne Kapitel und geben Sie jedem Kapitel eine kurze, aussagekräftige Überschrift. Die einzelnen Kapitel können Sie mit Überschriften in Abschnitte und diese wiederum in Unterabschnitte unterteilen.

Die Position der Kapitel bzw. Abschnitte in der Gliederungshierarchie verdeutlichen Sie, indem Sie den Überschriften Ziffern voranstellen, die durch Punkte voneinander getrennt sind (Dezimalklassifikation). Die erste Ziffer entspricht dabei der Kapitelnummer, die zweite Ziffer der Abschnittsnummer im Kapitel usw. Die letzte Ziffer wird nicht mit einem Punkt abgeschlossen (also heißen die Kapitel bzw. Abschnitte z.B. 1, 1.1 und 1.1.1).

Achten Sie darauf, dass die inhaltliche Gewichtung und die Länge der einzelnen Kapitel ausgewogen sind. Vermeiden Sie also, dass einige Kapitel sehr lang, andere dafür besonders kurz sind. Das gilt für jede Gliederungsebene. Auf der untersten dezimalen Gliederungsebene sollten die Abschnitte nur wenige Druckseiten (oder bei klein gesetzten Werken unter Umständen auch nur eine Seite) umfassen. So bleibt der Text übersichtlich und Sie können Querverweise nach Abschnitten und nicht nach Seiten angeben. Mehr dazu können Sie in Abschnitt 7.4.2 erfahren. (Wie Sie sehen, wenden wir diese Verweisart auch in diesem Buch an!)

Damit die Abschnittsnummern übersichtlich und gut lesbar bleiben, soll – wie auch in DIN 1421 angegeben – die Dezimalgliederung auf der dritten Stufe enden.

Ausnahmen bestätigen natürlich die Regel: Insbesondere bei großen Sammelwerken kann die vierte Stufe in der Dezimalklassifikation durchaus sinnvoll sein.

Zwischenüberschriften

Wir empfehlen unseren Autoren, zur weiteren Untergliederung in der vierten Stufe halbfette und in der fünften Stufe kursive Überschriften zu verwenden.

Kurze Abschnitte der zweiten Gliederungsebene, deren weitere Untergliederung nach der Dezimalklassifikation aus inhaltlichen Gründen oder wegen der Länge der einzelnen Abschnitte nicht sinnvoll ist, lassen sich ebenfalls auf diese Weise strukturieren. So ist es auch in diesem Abschnitt ausgeführt.

Absätze

Bei allen Arten von Texten erleichtern Absätze das Lesen erheblich. Immer dann, wenn Sie in Ihrem Beitrag einen Gedankengang beenden, geben Sie ein Absatzzeichen ein. Bei dementsprechender Formatierung ist die Trennung der einzelnen Absätze dann optisch deutlich erkennbar. In diesem Buch beträgt z.B. der Abstand nach jedem Standardabsatz 6 Punkt; durch den Seitenumbruch und -ausgleich beim Satz ist der Abstand zwischen den Absätzen aber an vielen Stellen verändert.

Faustregel: Nach maximal 10 bis 12 Buchzeilen sollte ein neuer Absatz beginnen.

Marginalien

Marginalien stehen auf dem Seitenrand neben dem Fließtext. Sie geben eine wesentliche Aussage des nebenstehenden Texts schlagwortartig wieder oder erleichtern das Auffinden bestimmter Stichwörter. Wie Kapitel- und Abschnittsüberschriften sind Marginalien für den Leser wichtige Orientierungsmarken.

Marginalien müssen nicht unbedingt aus Text bestehen. Wiederholen sich Informationen, die durch Marginalien dargestellt werden sollen, an anderen Stellen und ist die Anzahl unterschiedlicher Marginalien in einem Text begrenzt, so sind auch Piktogramme (Symbole, Pfeile, Zeigehand, Ausrufezeichen usw.) zur optischen Orientierung am Seitenrand geeignet.

Ob und in welcher Form Marginalien einzusetzen sind, sollten Sie vor oder möglichst früh in der Phase der Manuskripterstellung mit dem Redakteur bzw. Verlag vereinbaren. Nicht bei jeder Art von Manuskript ist das Verwenden von Marginalien empfehlenswert, außerdem ist das Formulieren guter Marginalien nicht immer ganz einfach.

Sind die Inhaltsblöcke (die auch mehrere Absätze umfassen können) kurz und übersichtlich, haben wir in diesem Buch häufig Marginalien verwendet, bei längeren Absätzen – wie in diesem Abschnitt – halbfette Zwischenüberschriften. Einzige Kriterien dafür sind gute Lesbarkeit und Übersichtlichkeit des Textes.

Optische Hervorhebungen

Wörter, Satzteile

Wenn Sie einzelne Wörter oder Satzteile hervorheben wollen, verwenden Sie hierzu am besten kursive Schrift. Eine auffällige Kennzeichnung durch halbfette Schrift stört den Lesefluss, besonders dann, wenn Sie diese Auszeichnungsart auf einer Textseite mehrmals anwenden.

Merksätze, Zusammenfassungen

Wichtige Zusammenfassungen oder Merksätze können Sie durch

- Schriftart (z.B. kursiv oder in serifenloser Schrift),
- Textrahmen (dünne Linie) oder
- Unterlegung (in hellem Grau oder einer Farbe)

hervorheben. Serifenlose Schrift, Rahmen oder Unterlegungen sollten Sie ganz systematisch verwenden und nur dann, wenn es „regelmäßig aber nicht zu oft“ möglich ist. Verwenden Sie dann für gleichartige Hervorhebungen die gleiche Auszeichnungsart.

Auflistungen, Aufzählungen

Wollen Sie mehrere Einzelaussagen oder z.B. eine Reihe von Produkten auflisten, dann sollten Sie dafür ein auffälliges Aufzählungszeichen (z.B. den Blickfangpunkt „•“) verwenden. Am besten lassen sich solche Aufzählungen lesen, wenn sie sprachlich in den Fließtext integriert sind, wie es z.B. im obigen Absatz „Merksätze, Zusammenfassungen“ der Fall ist. Ist dies nicht möglich, dann sollte jeder Punkt der Auflistung in einem vollständigen Satz formuliert sein.

Verwenden Sie bei einer weiteren Untergliederung der Aufzählung am besten den Gedankenstrich „–“ als Aufzählungszeichen.

Am besten wirken Aufzählungen, wenn Sie „hängenden Einzug“ verwenden. Dann beginnt der Text in der 2. Zeile eines Punktes der Aufzählung an der gleichen linken Kante wie der Text der 1. Zeile.

Nummerieren sollten Sie Aufzählungen nur dann, wenn die Liste eine zeitliche Reihenfolge widerspiegelt oder die Nummern eine Wertung repräsentieren.

7.3 Schreibstil und Schreibweisen

In diesem Abschnitt haben wir Hinweise zu gutem Stil, zur richtigen Schreibweise von Wörtern, Begriffen, Zahlen, Formeln und Sonderzeichen zusamengestellt. Zum Teil handelt es sich dabei um Vorschläge, zum Teil um feste Normen.

7.3.1 Guter Stil

Die folgenden Tipps sollen Ihnen helfen, Texte *verständlich* und zugleich *ansprechend* zu schreiben.

Persönlichen Stil verwenden!

Dort, wo es angebracht ist, sollten Sie Ihre Leser persönlich ansprechen („Sie"). Dieses Stilmittel hilft, einen einfachen und natürlichen Schreibstil zu entwickeln.

Anschauliche Vergleiche bieten!

Anschauliche Vergleiche oder Beispiele, die an die Erfahrung der Leser anknüpfen, machen einen Text leichter zugänglich („Man muss sich das vorstellen wie ...").

Durch Fragesätze Neugier wecken!

Ein Thema oder einen neuen Gedankengang können Sie auch mit einer Frage einleiten („Was sind die Vorteile der neuen Gerätegeneration? ..."). So wecken Sie die Neugier des Lesers auf die nachfolgenden Textpassagen.

Fremdwörter sparsam einsetzen!

Enthält ein Text viele Fremdwörter, dann ist er schwerer zu lesen und zu verstehen als ein Text mit wenigen Fremdwörtern. Verzichten sie daher auf Fremdwörter, für die es einen gleichbedeutenden, gebräuchlichen deutschen Begriff gibt!

Fachbegriffe erklären!

Erklären Sie dem Leser unbekannte Fachbegriffe beim ersten Gebrauch mit bekannten Worten!

Abkürzungen erläutern!

Geben Sie die Begriffe, die einer wenig bekannten Abkürzung zugrunde liegen, ausgeschrieben in Klammern an! Setzen Sie in der ausgeschriebenen Version die Buchstaben, aus denen die Abkürzung gebildet ist, in kursive Schreibweise, z.B. WWW (*W*orld *W*ide *W*eb).

Einheitliche Benennungen verwenden!

Uneinheitliche Benennungen verwirren Leser. Achten Sie deshalb auf einheitliche Bezeichnung und Schreibweise von Gegenständen, Begriffen, Abkürzungen, Formelzeichen usw. im gesamten Text (einschließlich Bilder und Tabellen!).

Überschaubare Sätze bilden!

Der Leser muss die Sätze beim ersten Lesen verstehen können. Vermeiden Sie deshalb lange und komplizierte Schachtelsätze! Und wenn Ihr Text auch in andere Sprachen übersetzt werden soll, verringern einfache Sätze Übersetzungsfehler.

Satzlängen wechseln!

Texte mit gleich langen Sätzen wirken langweilig. Ein Wechsel von kürzeren und längeren Sätzen bringt Dynamik und Spannung in Ihre Sprache.

Aktiv formulieren!

Passivsätze sind generell schwerer verständlich als Aktivsätze. Sie haben kein handelndes Subjekt und sind leicht am Hilfsverb „werden" zu erkennen („Danach *wird* die Masterbaugruppe konfiguriert ..."). Sie können Passivsätze vermeiden, wenn Sie das handelnde Subjekt in den Satz einbeziehen („Konfigurieren *Sie* danach die Masterbaugruppe ..." oder „*Diese Software* konfiguriert die Masterbaugruppe ...").

Formulieren Sie Ihre Sätze nach Möglichkeit aktiv, aber tun Sie das nicht um jeden Preis, denn nicht immer sind aktiv formulierte Sätze besser als Passivsätze.

„Hauptwörterei" vermeiden!

Sätze mit vielen Hauptwörtern wirken steif. Hauptursache hierfür sind meist aus Verben, Adjektiven oder Adverbien gebildete Hauptwörter. Erkennbar sind solche Hauptwörter an den Endungen -ung, -keit, -ig usw. Formulieren Sie Ihre Sätze, indem Sie diese Wörter möglichst in ihrer ursprünglichen Form gebrauchen!

„Umklammerungen" vermeiden!

Durch eine Umklammerung *reißt* man ein Satzprädikat, das eigentlich zusammengehört, *auseinander*. Der Satz, den Sie gerade gelesen haben, ist ein Beispiel für eine solche Umklammerung. Die kursiv geschriebenen Worte gehören als Satzprädikat zusammen, umklammern aber den eingeschobenen Nebensatz. Solche Konstruktionen sollten Sie vermeiden! (Ohne Umklammerung ist der obige Satz schon besser: „Durch eine Umklammerung *reißt* man ein Satzprädikat *auseinander*, das eigentlich zusammengehört.").

Dass-Sätze vermeiden!

Aussagen mit vielen dass-Sätzen wirken umständlich. Oft lässt sich eine dass-Konstruktion vermeiden, wenn der einleitende Satzteil auf ein einziges Wort reduziert werden kann. Beispiel: „Es ist bekannt, dass ..." durch „Bekanntlich ...".

7.3.2 Richtige Schreibweisen

Viele Begriffe sind in Normen definiert und müssen genau wie dort geschrieben werden. In allen anderen Fällen gelten die Regeln der deutschen Rechtschreibung, die der Schreibweise im Duden und anderen Nachschlagewerken zugrunde liegen.

Wortzusammensetzungen

Zusammengesetzte Wörter sind eine Spezialität der deutschen Sprache. Nach einer Faustregel schreibt man Zusammensetzungen mit bis zu vier kurzen Wortbestandteilen ohne Bindestrich (z.B. Halbleiterbauelement, Hochspannungsfreileitung, Lichtwellenleiterkabel). Bei mehr oder längeren Wortbestandteilen (z.B. Dreiphasendrehstrommotor) empfiehlt es sich, die Wortzusammensetzung in kleinere Wortgruppen zu gliedern, die durch einen Bindestrich miteinander verbunden sind (Dreiphasen-Drehstrommotor). Dabei sollten Sie an der Stelle einen Bindestrich setzen, an der bei deutlichem, sinngemäßem Sprechen der Einschnitt entsteht.

Aus englischen Wörtern zusammengesetzte Begriffe

Auch Kombinationen aus englischen Wörtern schreibt man nach den neuen Rechtschreibregeln im Allgemeinen zusammen, ebenso Kombinationen aus deutschen und englischen Wörtern (z.B. Filetransfer, Softwareentwicklung).

Mehr Informationen zu Wortzusammensetzungen finden Sie in Abschnitt 1.4 dieses Buchs.

7.3.3 Zahlen und Formeln

Für die Schreibweisen von Zahlen und Formeln gibt es gewisse Regeln, die teilweise in Normen festgelegt, teilweise auch Erfahrungsregeln sind. Insbesondere in Fachveröffentlichungen sollten Sie diese Regeln einhalten!

Zahlen

Zahlen lassen sich in Ziffern oder als Zahlwörter angeben. Beispiele für die verschiedenen Arten von Zahlenangaben finden Sie in der folgenden Übersicht.

Beispiele	*Zahlwort*	*Ziffer*
Grundzahl	elf	11
Ordnungszahl	vierte	4.
Bruchzahl	ein Viertel	1/4
Jahreszahl	(nicht gebräuchlich!)	2000
Jahrzehnt	achtziger Jahre	80er Jahre
Zahl vor Einheiten	(nicht verwenden)	80 KBaud
Vervielfältigungszahlwort	dreifach	3-fach
Wiederholungswort	zweimal	2-mal
In Wortzusammensetzungen	Nullgradlinie, Fünfercode	0-Grad-Linie, 5er-Code

Bei Zahlangaben wird heute die Ziffernschreibweise vorgezogen. Wichtiger als die eine oder andere Zahlenschreibweise ist die Forderung nach einer einheitlichen Nennung im gesamten Beitrag: Schreiben Sie also nicht an einer Stelle z.B. „Nullgradlinie“ und an anderer bedeutungsgleich „0-Grad-Linie“.

Je nach Gebrauch schreibt man Ziffern und Maßangaben unterschiedlich, z.B:

- Einfache Zahlen
  87 654 321 (Gliederung in Dreiergruppen von rechts)
- Telefon(/Fax-)nummern
  (089)55 69 96 oder 089/8 11 96 69
- Geldbeträge
  16,80 DM, 16 DM oder 16,– (Gedankenstrich)
- Zeitangaben
  12.30 Uhr oder 12^{30} Uhr

Formeln

Formeln sind eine besonders komplizierte Textform. Auch wenn Sie den Formelsatz nicht selbst ausführen, so müssen Sie dennoch wissen und angeben, welche Formelzeichen kursiv und welche senkrecht geschrieben werden sollen. Die Regeln hierfür sind in DIN 1304 festgelegt. Es folgen einige Beispiele.

Kursive Schreibweise:

- Variable Zahlen, die durch Buchstaben dargestellt werden: z.B. x, y
- Physikalische oder geometrische Größen: I (Strom), n (Drehzahl), α, β, γ (Winkel)
- Funktionszeichen, deren Bedeutung frei gewählt werden kann: $f(x)$, $g(x,y)$

Senkrechte Schreibweise:

- Zahlen, in Ziffern geschrieben
- Konstanten: π (Ludolfsche Zahl), e (Basis des natürlichen Logarithmus)
- Einheiten: A (Ampere), mF, mm
- Indizes
- Funktionszeichen mit feststehender Bedeutung: Σ (Summenzeichen), Δ (Differentialzeichen), sin
- Chemische Symbole: Al (Aluminium)

7.3.4 Sonderzeichen

An- und Abführungszeichen

Besondere Textpassagen sollten Sie mit Anführungszeichen kennzeichen, z.B. Textpassagen, die wörtlich aus einem Buch, Schriftstück, Brief o.ä. übernommen sind, Titel von Zeitschriften oder Büchern, Eigennamen oder im übertragenen Sinn zu verstehende Redewendungen.

Empfehlung: Verwenden Sie Anführungszeichen möglichst sparsam, da zu viele Anführungszeichen beim Lesen störend wirken. Im deutschen Schriftsatz haben Anführungszeichen vorzugsweise die Form „ “.

Bindestrich und Gedankenstrich

Für den Lesefluß und die Verständlichkeit von Texten ist auch die Unterscheidung zwischen Gedanken- und Bindestrich von Bedeutung. Der Gedankenstrich (–) ist länger als der Bindestrich (-). In Textverarbeitungsprogrammen finden Sie den Gedankenstrich bei den Sonderzeichen, bei Word können Sie ihn mit der Tastenkombination „Strg“ plus „-“ (auf der Zehnertastatur) aufrufen.

Der Gedankenstrich wird gebraucht

- vor und nach einem Gedankeneinschub im Satz,
- als Aufzählungszeichen (siehe Abschnitt 7.2),
- als Ersatz für das Wort „bis“ (8–12 Stück, Flugverbindung München–Berlin) und
- bei Angabe von DM-Beträgen (512,–).

Der Bindestrich trennt ein Wort am Zeilenende und gliedert längere Wortzusammensetzungen (siehe Abschnitt 1.4).

Aber: Geben Sie in Ihr Manuskript keine Worttrennungen ein, da sich der Zeilenumbruch fast immer verschiebt!

Schrägstrich

Gibt es mehrere Möglichkeiten (Fragestellung „oder“), gebraucht man überwiegend den Schrägstrich zur Angabe der Alternativen, z.B. bei „und/oder“ oder „Telefon/Fax-Nr.“. Bei Begriffen wie Client-Server-Systemen ist hingegen der Bindestrich zu benutzen; bei Analog-Digital-Konverter bzw. Analog/Digital-Konverter ergeben Bindestrich und Schrägstrich völlig verschiedene Bedeutungen.

Prozentzeichen

Das Prozentzeichen gehört zur Zahl und wird mit dieser zusammengeschrieben (7,25%).

Gradzeichen

Bei Winkelangaben gehören Zahl und Gradzeichen zusammen (45°). Bei Temperaturangaben bilden hingegen Gradzeichen und Temperaturskala (Celsius, Fahrenheit) eine Einheit und sind durch ein geschütztes Leerzeichen von der Zahl zu trennen (120 °C).

Leerzeichen

Es gibt verschiedene Arten geschützter Leerzeichen. Zwischen Zahlen und Einheiten ist das „geschützte Leerzeichen" zu verwenden (Word: Strg+Umschalt+Leertaste), nach den Ziffern von Kapitelüberschriften ist der n-Abstand günstig, nach Aufzählungszeichen der n- oder m-Abstand.

Marken, Schutzrechtsvermerk

Marken kennzeichnen Waren und Dienstleistungen und dürfen als eingetragene Marken nur vom Inhaber für bestimmte Produkte genutzt werden. Marken müssen Sie kennzeichnen. Dabei ist die Marke in der Form zu verwenden, in der sie eingetragen ist. Beim ersten Gebrauch einer Marke in Ihrem Beitrag fügen Sie den Schutzrechtsvermerk (...®) an. Solange eine Marke noch nicht eingetragen ist, kennzeichnen Sie sie mit ™ (trade mark), nach der Eintragung verwenden Sie das Zeichen ®.

7.4 Verweise und Fußnoten

Die Leserfreundlichkeit eines Textes ist nicht zuletzt auch von der Art und Qualität der Verweise abhängig. Bilder bzw. Tabellen und Text sollten in einem inhaltlichen Zusammenhang stehen, der auch aus der Formulierung und der Art des Verweises zum jeweiligen Bild bzw. der Tabelle deutlich wird. Querverweise und Fußnoten schaffen dem Leser die Chance, sich genauer zu informieren, als es der Fließtext an dieser Stelle ermöglicht – ohne dass ihn der Lesefluss dazu zwingt.

7.4.1 Bild- und Tabellenverweise

Sind Bilder bzw. Grafiken nicht „selbstsprechend", so müssen ihre Aussagen auf jeden Fall im Text erläutert werden.

Tabellen sind spezielle Textinformationen (z.B. Werte), die nach einem besonderen Ordnungsschema zusammengestellt sind. Auch Tabellen müssen erläutert werden, wenn der Leser z.B. Gesetzmäßigkeiten bei den Werten erkennen soll.

Für den Leser wäre es ideal, wenn nach dem Bild- oder Tabellenverweis unmittelbar das Bild oder die Tabelle folgen könnte. Eine solche Anordnung führt aber im Normalfall zu einem äußerst unübersichtlichen Layout und ist nicht immer leicht realisierbar. Man nutzt diese Form nur in besonderen Fällen, zum Beispiel in Zeitschriften bei Bildberichten oder bei Dokumentationen, bei denen die Bilder die eigentlichen Kernaussagen beinhalten.

Bildverweis

Der Leser muss also normalerweise auf das entsprechende Bild oder die entsprechende Tabelle verwiesen werden, die – wenn möglich – auf derselben Seite oder Doppelseite stehen sollten. Der Verweis fordert den Leser auf, seinen Lesefluss zu unterbrechen und sich das Bild oder die Tabelle zu betrachten. Deshalb sollten Sie den Verweis möglichst an einer leicht wieder auffindbaren Stelle im Text setzen (z.B. am Absatzende).

In der Verweisangabe steht die Bild- oder Tabellennummer, die auch in der Bildunter- oder Tabellenüberschrift angegeben ist. Bei den meisten Siemens-Fachbüchern besteht die Nummer aus zwei Ziffern, die durch einen Punkt getrennt sind. Die erste Ziffer gibt die Kapitelnummer an, in dem das Bild oder die Tabelle steht. Die zweite Ziffer ist das Ergebnis aus der fortlaufenden Nummerierung der Bilder bzw. der Tabellen innerhalb eines Kapitels. Bei den meisten Zeitschriften sind die Bilder innerhalb eines Artikels einfach von 1 an durchgezählt.

Bildunter-/ Tabellenüberschriften

In unseren Büchern beginnen Bildunterschriften (in einer Art „Corporate Buchdesign") in halbfetter Schreibweise mit dem Wort „Bild" und der Bildnummer, Tabellenüberschriften mit dem Wort „Tabelle" und der Tabellennummer. Darauf folgt ein Kurztext mit der Kernaussage des Bildes oder der Tabelle. Bildunter- und Tabellenüberschriften sind in kleinerem Schriftgrad dargestellt wie der Fließtext.

Genausogut kann man die Bezeichnungen „Abb." oder „Abbildung" bzw. „Tab." verwenden, kann man Bilder und Tabellen vom Beginn bis zum Schluss ohne Kapiteluntergliederung durchzählen und sie statt in der Form „1.1" z.B. mit „1-1" usw. nummerieren. Das ist mehr oder weniger eine Frage des Geschmacks.

Bildlegenden

Im Bild verwendete Abkürzungen, Symbole oder grafische Muster sind in der Bildlegende zu erläutern. Bildlegenden stehen z.B. in unseren Büchern über der Bildunterschrift (siehe auch Abschnitt 7.5).

7.4.2 Querverweise

Werden Sachverhalte an anderer Stelle ausführlich erläutert, so sollten Sie den Leser auf die entsprechenden Stellen verweisen (Querverweis). Der Verweis auf einen Abschnitt ist dem Verweis auf eine Seite vorzuziehen; denn Abschnittsbezeichnungen können Sie bereits bei Manuskripterstellung angeben, endgültige Seitenzahlen stehen erst nach der letzten Umbruchkorrektur fest.

Besonders nachteilig sind Seitenangaben, wenn bei der Korrektur oder für Neuauflagen Inhalte geändert werden. Dann müssen die Seitenzahlen der Querverweise überprüft und eventuell korrigiert werden.

Beachten Sie: Verweise auf Abschnitte sind nur dann sinnvoll, wenn diese nicht mehr als 3 oder 4 Druckseiten umfassen.

7.4.3 Fußnoten

Fußnoten unterbrechen den Lesefluss, sind – trotz DTP – nicht einfach zu setzen und somit häufig eine Fehlerquelle. Deshalb sollten Sie Fußnoten möglichst vermeiden und entsprechende Kommentare in den Fließtext einfügen (z.B. in Klammern).

Sind Fußnoten aber wirklich unumgänglich, dann gilt: Bei maximal drei Fußnoten auf *derselben Druckseite* verweist man darauf mit hochgestellten Sternzeichen (*). Diese Zeichen werden vor der Fußnote wiederholt. Bei mehr als drei Fußnoten sollten Sie mit hochgestellten Ziffern auf die Fußnote verweisen (Analysewerte[1]). Bei Zahlen müssen die Ziffern mit einer Klammer abgeschlossen sein, damit sie als Fußnotenzeichen und nicht als Exponent verstanden werden.

7.5 Das Bild – Gestaltung und Technik

Technische Sachverhalte lassen sich oft sehr viel besser im Bild darstellen als im Text. Bedenken Sie also: Ein Bild sagt mehr als 1000 Worte!

Grundsätzlich ist zwischen zwei Arten von Abbildungen zu unterscheiden, Halbton- und Strichabbildungen. Halbtonabbildungen sind im Normalfall Fotos, Strichabbildungen sind grafisch erstellt.

Fotos müssen aussagekräftig und deren Bildausschnitte optimal gewählt sein. Grafiken sind wohlproportioniert zu gestalten, d.h. die Größen der Bildelemente, der Verbindungslinien und der Beschriftung müssen zusammenpassen, und die Rasterung oder Farbgestaltung ist so zu wählen, dass sie mit den Inhalten der Grafik harmoniert.

Bilder werden (falls es nicht einen separaten Bildteil gibt) in der Nähe des Bildverweises positioniert, bei unseren Büchern z.B. bevorzugt am Kopf oder Fuß einer Seite (siehe auch Abschnitt 7.4.1). Bildunterschriften setzt man normalerweise etwas kleiner als die Grundschrift des Fließtextes; für Bildnummern bietet sich die Auszeichnung mit halbfetter Schrift an.

Halbtonabbildungen

Vorlagen

Vorlagen für Halbtonabbildungen können Sie als

- Fotos,
- Dias oder
- auf digitalen Datenträgern (Diskette, CD-ROM, Wechselplatte)

liefern. Für 1-farbigen Druck sollten Sie 1-farbige Vorlagen liefern, für 4-farbigen Druck 4-farbige Vorlagen. Für Zeitschriftenartikel benötigen Sie normalerweise Farbvorlagen, für Dokumentationen und Fachbücher meist Schwarzweißvorlagen. Manche Fachbücher enthalten auch einen farbigen Bildteil, der z.B. einen oder zwei Druckbogen, also 16 oder 32 Seiten umfassen kann.

Achten Sie unbedingt auf die Qualität der Vorlage – auf Kontrast, Schärfe und Sauberkeit!

Bildgröße

Ein Bild lässt sich normalerweise fast beliebig verkleinern oder vergrößern, allerdings müssen Breite und Höhe zum Seitenlayout passen und der Informationsinhalt ist in einer ansprechenden Größe darzustellen. Ein Bild sollte nicht zu viele, aber auch nicht zu wenige Details darstellen.

Bildqualität

Das Verbessern einer Bildvorlage durch Retusche in der Lithoanstalt ist oft nur in begrenztem Umfang möglich und unter Umständen auch sehr teuer. Nicht als Vorlage geeignet ist ein gerasterter Druck, der direkt aus einer Publikation übernommen wurde. Durch die nochmals stattfindende Rasterung kann ein unschönes Muster entstehen (Moiré), außerdem nimmt die Schärfe des Bildes ab.

Strichabbildungen

Strichabbildungen bestehen aus vollen gedeckten und ungedeckten Flächen (auch Linien oder Punkte gelten als Flächen). Teilbereiche davon können mit einem Raster unterlegt werden.

In unseren Büchern haben sich für technische Grafiken die folgenden Vorgaben bewährt:

Linienstärken:

- 0,4 pt für Netze und Bezugslinien,
- 0,8 pt für Hauptteile und
- 1,3 pt für hervorzuhebende Teile.

Rasterung von Bildteilen:

- 15%, 30% und 45% schwarz.

Sind Linien oder Raster zu dünn, so sind sie im Druck nicht sichtbar. Bei zu grober Ausführung zerstören sie die Optik des Gesamtbildes. Zwischen den einzelnen Stufen sollte zur besseren Unterscheidung ein genügender Kontrast vorhanden sein.

Bild 7.1 zeigt eine typische Schemazeichnung, bei der die oben angegebenen Linienstärken und Rasterungen verwendet wurden.

Grafikprogramme

Nach dem heutigen Stand der Technik ist es bei Fachbüchern, Vertriebsunterlagen oder Dokumentationen am günstigsten, wenn der Autor die Grafiken selbst erstellt (es sei denn, die Grafiken sollen besonders attraktiv aufbereitet sein). Als Grafikprogramme kommen z.B. Powerpoint, die Word-Zeichnungsfunktion, CorelDraw oder Adobe Illustrator in Frage.

Die beste Weiterverarbeitung ist gewährleistet, wenn Sie jede fertige Grafik in einer separaten Datei abspeichern. Gewöhnlich ist dabei das Format „Postscript" bzw. „Encapsulated Postscript" (eps) zu verwenden.

Gestaltungsvorgaben durch einen Verlag

Wenn Sie mit einem Verlag zusammenarbeiten, sollten Sie die Bildgestaltung möglichst früh mit dem zuständigen Redakteur oder Producer absprechen. Ihr Partner im Verlag

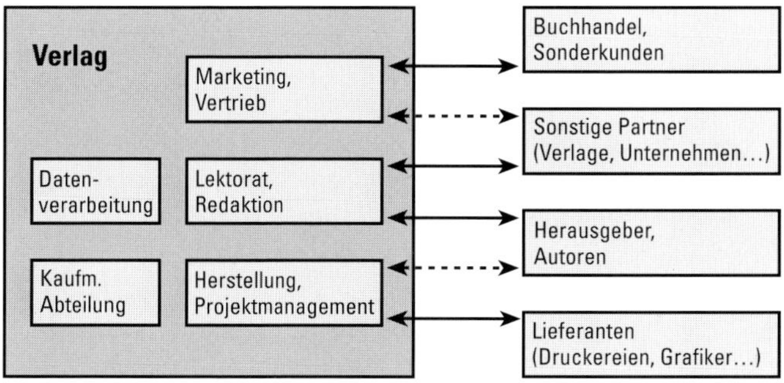

Bild 7.1 Beispiel für eine Schemazeichnung

gibt Ihnen die exakte oder die maximale Breite und Höhe für die Grafiken vor und sagt Ihnen, welche Linienstärken oder Rasterungen Sie verwenden können, wenn Ihr Grafikprogramm nicht die vom Verlag bevorzugten Möglichkeiten bietet.

Ihr Arbeitsaufwand für die Bildgestaltung (und der Korrekturaufwand im Verlag) ist dann am geringsten, wenn Sie 2 oder 3 Grafiken gestalten, diese mit dem Redakteur besprechen und die Änderungswünsche bei diesen und den weiteren Grafiken dementsprechend umsetzen. Kommen bei weiteren Grafiken neuartige Elemente hinzu, sollten Sie diese gleich mit dem Redakteur besprechen.

Bildbeschriftung

Für die Beschriftung der Grafiken empfiehlt sich eine serifenlose Schrift. In unseren Büchern verwenden wir im Normalfall Helvetica oder Univers. Die Schriftgröße für die Bildbeschriftung beträgt in unseren Büchern meist 8 pt, das entspricht einer Höhe der Großbuchstaben (Versalhöhe) von ca. 2 mm. Zum Hervorheben einzelner Teile der Bildbeschriftung verwenden Sie am besten fette Auszeichnung, nicht größere Schrift.

Ob Bildelemente mittenzentriert oder linksbündig beschriftet werden sollen, hängt von der Länge der Beschriftung ab. Bei kurzen Beschriftungen ist Mittenzentrierung vorzuziehen, bei längeren Linksbündigkeit. Auf jeden Fall ist dabei aber auf Einheitlichkeit bei allen Bildern zu achten.

Oft ist es auch günstig, Bildelemente zu nummerieren und die Erläuterung dieser Elemente neben oder unter das Bild zu stellen oder in die Bildunterschrift zu integrieren (Bildlegende). Vor allem, wenn die Bildinhalte für Ausgaben in anderen Sprachen verwendet werden sollen, lassen sich damit Arbeit und Kosten sparen. Zum Beispiel steht bei unseren Büchern die Bildlegende normalerweise über der Bildunterschrift und ist aus dem gleichem Schrifttyp wie diese gesetzt.

Diagramme

Wenn Sie Diagramme erstellen, ist es wichtig, dass Sie auf einheitliche Darstellung und einheitliche Beschriftung der Diagramme achten. Zu beachten sind

- Beschriftung der Achsen mit Zahlen,
- Beschriftung der Achsen mit Einheiten (z.B. „mm“),
- Beschriftung der Achsen mit Größen (z.B. „Länge“) und
- Stand der Pfeile in Richtung der Achsen.

Bei gleichartigen Diagrammen ist möglichst auch der gleiche Maßstab für die einzelnen Achsen zu wählen. Die Bilder 7.2 und 7.3 zeigen typische Diagramme, wie sie der in unserem Verlag üblichen Gestaltung entsprechen.

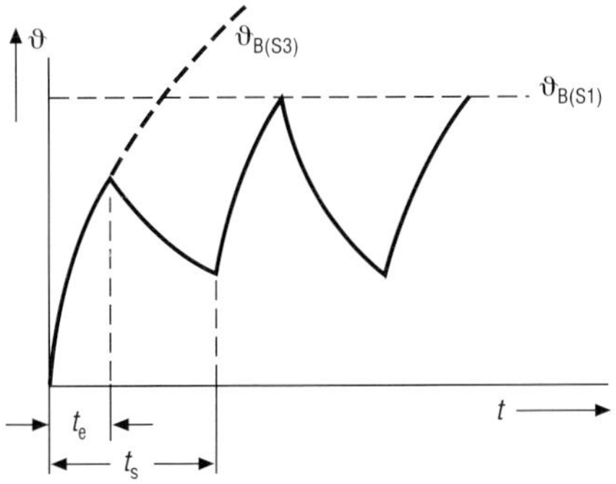

Bild 7.2 Einfaches Diagramm ohne Angabe exakter Größen

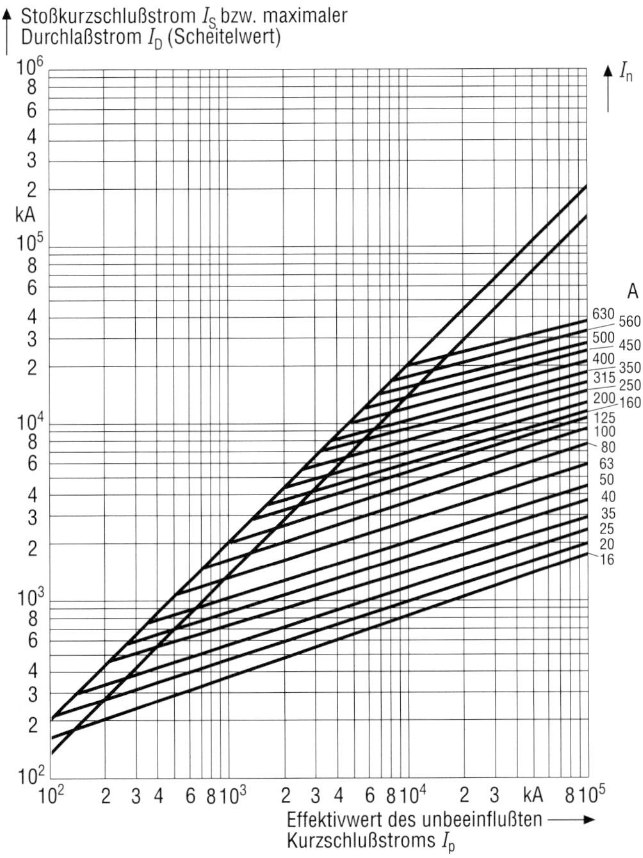

Bild 7.3 Komplexes Diagramm mit Bezugslinien

7.6 Tabellengestaltung

Eine Tabelle ist eine systematische und kompakte übersichtliche Darstellung von Daten.

Einfache Textlisten sollten Sie nicht als Tabelle darstellen, sondern im laufenden Text unterbringen.

Wie Bilder sollten sich auch Tabellen in unmittelbarer Nähe der Verweisangabe im Text befinden (siehe auch unter 7.4.1), in unseren Büchern wahlweise am Kopf oder am Fuß der Seite mit etwa 2 Leerzeilen Abstand zum Text.

Im Allgemeinen wählt man Schriftgrad und Zeilenabstand etwas kleiner als für den Grundtext. Auch ist bei der Erstellung die Spaltenbreite bzw. Breite des Satzspiegels zu beachten. Tabellen sollten möglichst auf eine Seite, im Ausnahmefall auf eine Doppelseite passen. Eine Tabelle, die über mehrere Seiten läuft, ist unübersichtlich.

Tabelleninhalte werden normalerweise linksbündig gesetzt, da sich damit ein ruhigeres Schriftbild ergibt als bei mittenzentriertem oder Blocksatz. Der Abstand zwischen den einzelnen Zeilen und Spalten ist so zu wählen, dass Informationsblöcke deutlich als solche zu erkennen sind. Dadurch darf die Tabelle aber nicht „zerrissen" wirken.

Insgesamt sollte die Gestaltung so dezent wie möglich sein, damit das Äußere nicht vom Inhalt ablenkt (dünne Linien, sparsame Verwendung von Auszeichnungen, z.B. kursive Schrift oder graue Unterlegung einzelner Zeilen oder Spalten wie im Kapitel 4).

Tabelle 7.1 zeigt eine offene Tabelle ohne spezielle Auszeichnung, mit Kopf-, Hals-, Fuß- und Längslinie (das ist die senkrechte Linie), Tabelle 7.2 eine aufwendigere, geschlossene Tabelle mit verschiedenen Auszeichnungen.

Tabelle 7.1 Offene Tabelle ohne spezielle Auszeichnung

	Kapitel 1	Kapitel 2	Kapitel 3	Glossar
Autor	Hansen	Müller	Schmidt	Hofmann
Korrektor	Meyer	Olsen	Oppenheim	Schröder
Freigabe	Thaler	Merz+Frick	Hürlimann	–

Tabelle 7.2
Geschlossene Tabelle mit verschiedenen Auszeichnungen

Jahr	1	2	3	4	Summe
Variante A					
Umsatz	–	–	100	50	150
Kosten	30	80	10	–	120
Ergebnis	30	80	90	50	30
Variante B					
Umsatz	–	10	110	40	160
Kosten	70	70	–	–	140
Ergebnis	70	60	100	40	20

7.7 Richtiges Zitieren

Wenn Sie Texte, Bilder, Tabellen aus Büchern, Zeitschriften oder Ähnlichem verwenden, müssen Sie dies in Ihrem Beitrag als Zitat angeben (Nicht-Zitieren ist kein Kavaliersdelikt!). Bei größeren Textteilen, Bildern und Tabellen, die Sie unverändert übernehmen wollen, benötigen Sie auch eine Abdruckgenehmigung vom Inhaber des Copyrights.

Generell empfiehlt es sich, die genauen Quellenangaben in einem separaten Literaturverzeichnis aufzuführen. In dieses Verzeichnis können Sie auch weiterführende Literatur zum Thema aufnehmen und so dem Leser eine Literaturliste anbieten, mit deren Hilfe er sich zusätzlich informieren kann.

Literaturverweise im Fließtext

Wenn Ihr Text nur sehr wenige Zitate enthält, können Sie die genauen Quellenangaben in Klammern mit den Vermerken „entnommen aus: ..." oder „nach ..." an den betreffenden Stellen anfügen (im Bild unter der Bildunterschrift, in der Tabelle unter der Tabellenüberschrift).

Das Literaturverzeichnis

Das Literaturverzeichnis können Sie alphabetisch nach Verfassern oder in der Reihenfolge der Titelnennung im Beitrag sortieren. Im Text müssen Sie dann die Verfasser angeben oder mit Nummern auf die entsprechenden Quellenangaben im Literaturverzeichnis verweisen. Die Nummern sind in eckigen Klammern anzugeben [...]. Auch für die Autorenverweise ist diese Form sinnvoll (nach [Autorenname]), man kann den Autor und/oder dessen Werk aber auch einfach im Fließtext erwähnen.

Titelangaben

International gibt es letztlich bis heute keine einheitliche Regelung für Titelangaben. Die folgenden Regeln beruhen im Wesentlichen auf DIN 1505 Teil 2, Titelangaben von Schrifttum, Zitierregeln, Ausgabe Januar 1984. Sie beziehen sich auf Bücher und Zeitschriften. Bei anderen Schrifttumsarten, wie z.B. Tagungsschriften, Forschungs- oder Entwicklungsberichten, können Sie sinngemäß nach denselben Regeln verfahren. Im Zweifelsfall müssen Sie sich das DIN-Normblatt besorgen.

Titelangaben von Büchern

Geben Sie Buchtitel am besten nach folgendem Schema an:

Verfasser 1; Verfasser 2; ...: Titel,Untertitel. Band. Auflage. Erscheinungsort: Verlag, Erscheinungsjahr.

Die Satzzeichen trennen die verschiedenen bibliographischen Angabefelder.

Verfasser: Mehrere Verfasser sind durch Semikolon voneinander zu trennen. Dem Familiennamen folgt durch Komma und Leerzeichen getrennt die Initiale des Vornamens. Die Verfasserfunktionen werden den Namen abgekürzt in Klammern angefügt: (Hrsg.), (Mitarb.), (Bearb.), (Übers.).

Titel: Enthält der Haupttitel zuwenig Information für den Leser, können Sie – durch Kommazeichen getrennt – auch noch den Untertitel angeben.

Bandangabe: Diese Angabe ist nur bei Sammelwerken notwendig. Gegebenenfalls sollten Sie zusätzlich auch den Reihentitel angeben.

Auflage: Abgekürzt angeben, z.B. 5. Aufl.

Erscheinungsort: Bei mehreren Verlagsorten genügt als Erscheinungsort der erstgenannte.

Verlag: Verlag in Kurzform ohne das Wort „Verlag“ und die Gesellschaftsform, z.B. nur: Springer

Erscheinungsjahr: Laut Impressum

Beispiel:

Mahlke, G.; Gössing, P.: Fiber Optic Cables. 4. Aufl. Erlangen: Publicis MCD, 1997.

Zur weiteren Erläuterung ließe sich hier noch der Untertitel angeben, was aber meistens „Luxus“ ist.

Titelangaben von Zeitschriftenbeiträgen

Geben Sie die Zeitschriftenbeiträge nach folgendem Schema an:

Verfasser: Titel. Zeitschriftentitel. Band (Erscheinungsjahr). Heftnummer, Seiten

Verfasser: Mehrere Verfasser sind durch Semikolon voneinander zu trennen. Dem Familiennamen folgt durch Komma und Leerzeichen getrennt die Initiale des Vornamens.

Titel: Enthält der Titel des Beitrags zuwenig Information für den Leser, können Sie - durch Kommazeichen getrennt - auch noch den Untertitel angeben.

Zeitschriftentitel: Häufig vorkommende Zeitschriftentitel können Sie auch gekürzt angeben. Für viele Zeitschriftentitel gibt es allgemein verwendete Kurzformen.

Bandzählung: Ohne Bezeichnung „Jahrgang“, „Bd.“, „Vol.“, in Klammern das Erscheinungsjahr ergänzen.

Heftnummer: Abgekürzt „H. ...“ (oder bei englischen Titeln) „No. ...“

Seitenzahl: Abgekürztes „S. ...“ (bei nur zwei Seiten steht „und“, bei mehr Seiten „bis“ zwischen den Zahlen) bzw. „P. ...“

Beispiel:

Nitzsche, U.: Neue Fahrerinformationssysteme. Components 33 (1995). H. 3, S. 72 und 73

7.8 Das Stichwortverzeichnis

Alle Bücher, die Leser auch zum Nachschlagen benützen, benötigen ein Stichwortverzeichnis, d.h. in der Regel jedes Lehr- oder Fachbuch. Ist das Stichwortverzeichnis gut, so haben Sie Ihrem Werk damit besondere Qualität verliehen, denn vielen Büchern merkt man an, dass das Anfertigen des Stichwortverzeichnisses zu den weniger attraktiven und auch nicht zu den einfachsten Aufgaben eines Autors zählt.

Das Stichwortverzeichnis sollte nicht mehr und nicht weniger als alle diejenigen Begriffe enthalten, die im inhaltlichen Zusammenhang Ihres Beitrags besonders erwähnenswert sind.

Im Stichwortverzeichnis sind alle Begriffe in alphabetischer Reihenfolge aufgelistet. Beschränken Sie sich zu jedem Stichwort auf möglichst 3 Verweisangaben; denn Ihr Leser möchte an den angegebenen Stellen nur Wesentliches im Zusammenhang mit dem Stichwort erfahren. Im Normalfall enthält das Stichwortverzeichnis Seitenangaben, bei hochstrukturierten Texten ist auch die Angabe der Abschnittsnummern möglich – was allerdings äußerst selten der Fall ist.

Wie erstellt man ein Stichwortverzeichnis?

Der optimale Weg zum Erstellen eines Stichwortverzeichnisses ist auch in erfahrenen Redaktionen umstritten.

Liste auf Basis des Umbruchs

Für Sie als Autor ist es der einfachste Weg, das Stichwortverzeichnis zu erstellen, wenn Ihnen der Seitenumbruch zur Korrektur vorliegt. Sie markieren die Stichwörter in einer Kopie des Umbruchs, tragen die Begriffe und Seitenzahlen am PC in eine Liste ein.

Liste auf Basis des Manuskripts

Sie können die Stichwortliste aber auch an Hand Ihres Manuskripts erstellen, müssen dann aber bei der Umbruchkorrektur die Seitenangaben nachtragen.

Markieren in Manuskript oder Umbruch

Der dritte, aber teurere und deshalb von Verlagen (was meist auch im Interesse des Autors liegen sollte) nicht so gern gesehene Weg ist der, dass Sie im Manuskript oder im Umbruch die Stichwörter markieren und der Setzer das Stichwortverzeichnis erstellt. Tut er das auf der Basis des Manuskripts, bleibt Ihnen immer noch die Arbeit des Eintrags der Seitenzahlen, tut er es auf der Basis des Umbruchs, dann bleiben Ihnen immer noch das Korrekturlesen und eine „sichere" Anzahl von Stichproben.

Unser Vorschlag

Nach unserer Meinung ist die Mischung aus den Möglichkeiten 1 und 2 ein sehr guter Weg:

- Sie markieren die Stichwörter (mit Textmarker oder durch Unterstreichen) im Manuskript,
- erstellen die Liste der Stichwörter mit dem PC,
- geben sie mit dem Manuskript zum Satz (oder wenn's eilt, kurz danach),
- markieren die Stichwörter in einer Kopie des Korrekturumbruchs und
- tragen die Seitenzahlen in das Stichwortverzeichnis des Korrekturumbruchs ein.

Dieser Weg hört sich zwar kompliziert an, garantiert aber ein schnelles Vorgehen in der Phase der Umbruchkorrektur. Die Kopie des Umbruchs mit den markierten Stichwörtern sollten Sie sich aufheben, dann haben Sie bei einer Neuauflage Ihres Werks eine ideale Vorlage zur Aktualisierung des Stichwortverzeichnisses. Spätestens in dieser Phase werden Sie sich über den vorher beschrittenen Weg freuen.

Mit den modernen Textverarbeitungsprogrammen ist es natürlich auch möglich, die Stichwörter in der Datei zu markieren, aber nach unserer Erfahrung führt das nur in Ausnahmefällen zu befriedigenden Abläufen.

Wie sieht ein Stichwortverzeichnis aus?

Es gibt unterschiedliche Möglichkeiten der Auflistung der Stichwörter und verschiedene Möglichkeiten zur Angabe der Seitenzahlen. Einige davon wollen wir hier vorstellen.

Auflistung der Stichwörter

Im einfachsten Fall listet man alle Stichwörter alphabetisch auf. Ein Stichwort muss dabei nicht unbedingt aus nur einem Wort bestehen, es kann auch ein zusammengesetztes Wort oder eine Kombination von Wörtern sein.

Spezifizierungen übergeordneter Stichwörter oder Wortzusammensetzungen, bei denen die Erläuterung im Fließtext vor dem im Verzeichnis aufgelisteten Stichwort steht, können Sie in den Zeilen unter dem jeweiligen Stichwort aufführen, z.B. indem Sie die Zeile mit einem Gedankenstrich und einem Komma beginnen und dann die Spezifizierung bzw. den zusätzlichen Wortteil angeben.

Beispiel:

Arbeitspaket
–, Definition
–, Referenz-

Bei Bedarf können Sie z.B. aus zwei Wörtern zusammengesetzte Stichwörter zweimal angeben.

Beispiel:

Arbeitsrecht
...
Recht, Arbeits-

Seitenangaben

Auch bei den Seitenangaben gibt es mehrere Möglichkeiten:

- Sie können jeweils die Seiten angeben, bei denen der Text zu dem Stichwort beginnt.
- Sie können f. oder ff. angeben, wenn der Text auf der nächsten oder den weiteren Seiten weiterläuft.
- Sie können die wichtigsten Seitenangaben fett setzen.

Wie Sie tatsächlich vorgehen, sollten Sie in der Endphase der Manuskripterstellung mit dem Redakteur abklären, denn je nach Umfang und Gehalt des Werkes ist eine andere Art von Stichwortverzeichnis empfehlenswert.

Zum Abschluss dieses Abschnitts noch ein Beispiel für ein hervorragendes Stichwortverzeichnis:

Änderungsprozess
–, begleitender **51**
AKZ siehe Auftragskennzeichen
Auftragskennzeichen **85 f.,** 90
Aufwandsschätzverfahren 130
– SLIM- **132 ff.,** 140

8 Der Urheber und seine Rechte

Mit der Schaffung des Urheberrechtsgesetzes (UrhG) vom 9.9.1965 verfolgte der Gesetzgeber das Ziel, den Schutz des Urhebers zu verbessern, wobei nicht das Werk, sondern die Person des Urhebers im Vordergrund steht. Das UrhG gewährleistet diesen Schutz, indem es an die Ergebnisse des urheberischen Schaffens anknüpft, also das Werk als Gegenstand des Urheberrechtsschutzes betrachtet.

In Deutschland entsteht der Urheberschutz kraft Gesetzes und kann nicht durch eine Hinterlegung oder Eintragung des Werkes oder sonstige amtliche Handlungen erreicht werden.

8.1 Voraussetzung des urheberrechtlichen Schutzes von Werken

§7 UrhG definiert den Urheber als Schöpfer des Werkes, das eine persönliche (menschliche) geistige Schöpfung sein muß (§2 Abs. 2 UrhG), die einen geistigen Gehalt aufweist und die eine Form gefunden hat, die der Sinneswahrnehmung zugänglich ist.

Die „persönliche geistige Schöpfung" erfordert auch, dass das Werk ein Ergebnis des individuellen geistigen Schaffens des Urhebers darstellt, da nur individuelle Teile eines Werkes vor Nachahmung geschützt sind. Die Individualität kann sich aus der Konzeption wie aus der Formgebung des Werkes ergeben. Die geistig-schöpferische Leistung muss aber stets ein bestimmtes Mindestmaß erreichen, was (ähnlich wie bei Patenten) an der „Gestaltungshöhe" gemessen wird. Die Rechtsprechung beurteilt dies im Gesamtvergleich des geistig-schöpferischen Gesamteindrucks der konkreten Gestaltung gegenüber vorhandenen Gestaltungen und grenzt es so vom Alltäglichen ab.

Erfüllt ein Werk diese Kriterien, so erlischt das Urheberrecht in der Regel 70 Jahre nach dem Tod des Urhebers bzw. spätestens 10 Jahre nach der Veröffentlichung, wenn diese zwischen dem 60. und 70. Jahr nach dem Tod des Urhebers erfolgt (§64 UrhG).

8.2 Verwertungs- und Nutzungsrechte

Der Urheber ist Rechtsinhaber der Verwertungsrechte im Sinne des §15 UrhG an seinem Werk, die ihm das ausschließliche Recht geben, das Werk in körperlicher und unkörperlicher Form zu verwerten und öffentlich wiederzugeben. Die Verwertungsrechte sichern die Kontrolle über die Nutzung des Werkes und geben dem Urheber die Möglichkeit, einen wirtschaftlichen Nutzen daraus zu ziehen. Dies findet in der Regel in Form eines Vertrags statt, der die entgeltliche Einräumung von Nutzungsrechten gemäß §§31 ff. UrhG durch den Urheber an einen Dritten (im Allgemeinen einen Verlag) regelt. Die Nutzungsrechte sind das wichtigste rechtliche Instrument für die wirtschaftliche Verwertung von Urheberrechten.

Durch Abschluss eines Verlagsvertrags zwischen Urheber und Verlag werden letzterem nur die Nutzungsrechte an dem Werk eingeräumt, denn das Urheberrecht an sich ist nicht übertragbar (§29 UrhG). Erlischt die Grundlage, auf der die Rechtseinräumung basiert, so fallen die eingeräumten Nutzungsrechte wieder an den Urheber zurück. Der Verlagsvertrag kann schriftlich, mündlich oder durch schlüssiges Verhalten geschlossen werden, wobei sich die Schriftform zum Zwecke der Beweissicherung empfiehlt. (Anm.: Bei Fachartikeln für Zeitschriften ist die mündliche Vereinbarung durchaus üblich.)

Die Einräumung des Nutzungsrechts kann einfach oder ausschließlich erfolgen (§31 Abs. 1 Satz 2, Abs. 2, 3 UrhG). Das ausschließliche Nutzungsrecht berechtigt den Verlag, das Werk unter Ausschluss aller anderen Personen einschließlich des Urheberrechtsinhabers auf die Art zu nutzen, die Inhalt des Rechts bildet, und weitere Nutzungsrechte einzuräumen (§31 Abs. 3 UrhG). Das einfache Nutzungsrecht hingegen berechtigt den Inhaber, das Werk neben dem Urheber oder anderen Berechtigten auf die ihm erlaubte Art zu nutzen (§32 Abs. 2 UrhG). Die Nutzungsrechte können auch räumlich, zeitlich oder inhaltlich beschränkt eingeräumt werden (§32 UrhG).

Bei Fachbüchern umfasst die Einräumung von Nutzungsrechten in der Regel das ausschließliche Recht zur Verbreitung und Vervielfältigung des Werkes in Buchform (Verlagsrecht) als Hauptrecht. Für die Dauer des Hauptrechts sollten zusätzlich auch ausschließliche Nebenrechte eingeräumt werden, um eine möglichst effiziente Nutzung des Werkes zu gewährleisten.

Im Allgemeinen sind alle betroffenen Nebenrechte (inklusive elektronischer Nutzung) im Verlagsvertrag aufgeführt. Neben den vielfältigen Publikationsformen ist dabei meist auch das Recht auf die Vergabe von Lizenzen zur Ausübung der eingeräumten Nebenrechte durch Dritte enthalten.

8.3 Rechte und Pflichten des Verfassers

Dem Anspruch der einen Partei liegt eine Verpflichtung der anderen zu Grunde. Der Verlagsvertrag gibt dem Verfasser einen Anspruch auf eine dem Vertrag entsprechende Vervielfältigung und Verbreitung des Werkes durch den Verlag (§§1, 14 VerlG). Kommt der Verlag dem nicht in angemessener Weise nach, so kann der Verfasser gemäß §§32, 30 VerlG vom Vertrag zurücktreten. Als Gegenleistung für die Rechtseinräumung erhält der Verfasser eine vereinbarte oder übliche Vergütung, die in der Regel mit Ablieferung des Werkes oder mit dem Erscheinen fällig wird. Die Höhe der Vergütung kann entweder am Seitenumfang, am Umsatz oder am Umfang und Umsatz des Werkes bemessen werden (bei Fachartikeln im wissenschaftlichen Bereich wird im Normalfall gar keine Autorenvergütung bezahlt). Außerdem muss der Verlag dem Verfasser eine vereinbarte Anzahl von Freiexemplaren zur Verfügung stellen.

Der Verfasser ist berechtigt, vor jeder Auflage selbst oder durch Dritte Änderungen am Werk vorzunehmen, sofern dadurch nicht ein berechtigtes Interesse des Verlags verletzt wird. Dieses Recht steht ihm auch bis zur Beendigung der Vervielfältigungsarbeiten zu. Allerdings muss er in diesem Fall die Kosten übermäßiger Korrekturen dem Verlag erstatten, sofern nicht inzwischen eingetretene wesentliche Umstände diese Änderungen rechtfertigen (§12 VerlG).

Es liegt alleine beim Urheber, zu bestimmen, ob und wie sein Werk veröffentlicht und mit seinem Namen verbunden wird. Außerdem ist er berechtigt, Entstellungen und andere Beeinträchtigungen zu verbieten, die geeignet sind, seine berechtigten geistigen oder persönlichen Interessen an dem Werk zu gefährden. So darf der Verlag als Inhaber eines Nutzungsrechts ein Werk, dessen Titel oder Urheberbezeichnung nicht ohne Erlaubnis verändern (§39 UrhG). Allerdings ist zu beachten, dass normalerweise bei der Auswahl des Titels die Meinung des Verlags ausschlaggebend sein sollte.

Der Verfasser des Werkes muss dafür Sorge tragen, dass das Werk weder gegen Rechte Dritter noch gegen das Gesetz verstößt. Gegebenenfalls hat er eine entsprechende Genehmigung von dem Berechtigten einzuholen, um „fremde" urheberrechtlich geschützte Inhalte (Textpassagen oder Bilder) zu verwenden.

Ein weiteres Recht des Verfassers ist es, einen Verwertungsvertrag mit der VG Wort abzuschließen. Entsprechend diesem Verwertungsvertrag erhält der Autor nach einem festgelegten Schlüssel eine Vergütung für das Vermieten und Verleihen von Vervielfältigungsstücken. Die Einnahmen der VG Wort stammen im Wesentlichen aus Beträgen, die von öffentlichen Bibliotheken entrichtet werden müssen.

Zu den Pflichten des Autors zählen, dass dieser dem Verlag das ausschließliche Nutzungsrecht zur Verbreitung und Vervielfältigung einräumt sowie das druckfertige Manuskript in einem für die Vervielfältigung geeigneten Zustand termingerecht abliefert, wie er von den Vertragsparteien vereinbart ist.

Für die Dauer des Vertragsverhältnisses hat der Autor gemäß §2 VerlG jede wettbewerbsschädigende Handlung, insbesondere die Vervielfältigung und Verbreitung des gleichen, eines ähnlichen oder eines konkurrierenden Werkes zu unterlassen.

8.4 Rechte und Pflichten des Verlags

Pflichten des Verlags ergeben sich unter anderem aus den Rechten des Autors, auf die hier verwiesen wird. Das eingeräumte Verlagsrecht verpflichtet den Verlag, das Werk in zweckentsprechender und üblicher Weise zu vervielfältigen und zu verbreiten (§§1, 14 VerlG) sowie dafür zu werben.

Die Übertragung des Verlagsrechts ist nach der gesetzlichen Regelung im Zweifel nur mit der Zustimmung des Verfassers zulässig, der diese allerdings nur bei Vorliegen eines wichtigen Grundes verweigern kann (§§34 Abs. 1 UrhG, 28 VerlG).

Der Verlag ist grundsätzlich für die Korrektur des Werkes zuständig (§20 VerlG), d.h. für das inhaltliche Übereinstimmen mit dem vom Autor gelieferten Manuskript. Einen Abzug hat er dem Verfasser zu übersenden, den dieser unentgeltlich korrigiert und durch Anbringung des Vermerks „druckfertig" für druckreif erklärt. Der Abzug gilt auch als

„druckfertig“, wenn der Verfasser sich nicht innerhalb einer angemessenen Frist zu ihm erklärt hat (§20 Abs. 2 VerlG).

Liefert der Verfasser das Manuskript nicht rechtzeitig ab, so kann der Verlag nach dem fruchtlosen Verstreichen einer Nachfrist von dem Vertrag zurücktreten oder Schadensersatz wegen Nichterfüllung verlangen (§30 VerlG). Er kann ein Manuskript auch ablehnen, wenn es den vereinbarten Umfang ohne vorherige Zustimmung des Verlags überschreitet.

Der Ladenpreis wird vom Verlag nach pflichtgemäßem Ermessen bestimmt (§21 VerlG). Der Verlag ist auch zur rechtzeitigen Zahlung der vereinbarten Vergütung an den Verfasser verpflichtet (§22 VerlG).

Außerdem ist der Verlag verpflichtet, Künstlersozialabgabe in Höhe von mehreren Prozent der Vergütungen für Verfasser, freischaffende Grafik-Designer, Redakteure usw. an die Künstlersozialkasse zu entrichten.

8.5 Der Herausgeber

Herausgeber eines Werkes kann sein, wer ein Werk nach bestimmten thematischen und systematischen Kriterien zusammenstellt, aber auch eine Person, die dem Werk seinen Namen verleiht.

Ein Herausgebervertrag verpflichtet eine Person oder Personenmehrheit, für ein aus mehreren thematisch zusammengehörenden Beiträgen bestehendes Werk („Sammelwerk“) die einzelnen Verfasser zu engagieren, die Beiträge thematisch und inhaltlich aufeinander abzustimmen sowie das Werk zu edieren und zu redigieren mit dem Ziel, das Sammelwerk als ein einheitliches Werk zu gestalten.

Erbringt der Herausgeber an dem Sammelwerk durch Auslese und Anordnung der einzelnen Beiträge eine persönliche geistige Schöpfung, so genießt das Sammelwerk einen vom Urheberrecht der einzelnen Beiträge selbständigen urheberrechtlichen Schutz (§4 UrhG).

Das Vertragsverhältnis zwischen Herausgeber und Verlag kann auf einem „echten“ Verlagsvertrag, einem Geschäftsbesorgungs-, Werk- oder Dienstvertrag beruhen. Durch diese verschiedenen Vertragstypen kann zwischen Herausgeber und Verlag genau geregelt werden, wer „Herr des Unternehmens“ ist, d.h. wer das Unternehmen plant, die

Mitarbeiter gewinnt, die Verträge mit ihnen schließt, diese betreut und koordiniert. Das gibt auch die Möglichkeit, dass für unterschiedliche Ausgaben oder Auflagen jeweils „der Geeignetste“ die Rolle des Herausgebers übernimmt.

8.6 Mitarbeiter, Bearbeiter, Übersetzer und Schriftleiter

Für diese Gruppe von Verfassern kommt als Rechtsverhältnis zwischen den Parteien in erster Linie ein Werkvertrag in Betracht.

Der Verlag plant die Überarbeitung bzw. Übersetzung des Originalwerkes, holt sich hierfür die Einwilligung des Urhebers des Originalwerkes ein und überträgt die Übersetzung bzw. Bearbeitung einer geeigneten Person. Da die Bearbeitung bzw. Übersetzung im Zweifel urheberrechtlichen Schutz genießt (§3 UrhG), muss der Verlag sich die Nutzungsrechte an der Bearbeitung bzw. Übersetzung gegen Zahlung einer einmaligen Vergütung einräumen lassen.

Auch bei Sammelwerken, an denen etliche Verfasser beteiligt sind, wird in der Regel das Vertragsverhältnis zwischen Verlag und Mitarbeitern durch Werkverträge geregelt. Im Normalfall gibt hier der Herausgeber den Verfassern Form und Inhalt ihrer Beiträge vor.

8.7 Multimediarecht

Den Begriff „Multimedia“ zu definieren ist nicht einfach. Multimedia könnte durch „das Zusammenwirken von kommunikationsvermittelnden Elementen“ und „Interaktivität“ umschrieben werden. Im Wege des technischen Fortschritts eröffnen sich immer neue technische Nutzungsarten. So können Multimedia-Erzeugnisse entweder offline (Diskette, CD-ROM, CD-I) oder online, d.h. durch die Zugriffsermöglichung für Dritte mittels der Datenfernübertragung (z.B. Internet) vertrieben werden.

Schutzgegenstand im Bereich Multimedia sind zum einen „alle Ausdrucksformen von Computerprogrammen“, umgangssprachlich einfach als „Software“ bezeichnet. Ein Computerprogramm ist dann schutzfähig, wenn es Ergebnis der geistigen Schöpfung des Urhebers ist, also zumindest subjektiv Neues geschaffen wird. Dem Urheber stehen bei

Programmen nur die Verwertungsrechte Vervielfältigung, Bearbeitung/Umarbeitung sowie Verbreitung zu.

Die interessanteste Rolle im Bereich Multimedia dürfte dem Internet zukommen, da sich eine zusätzliche Publikation von Teilen oder des gesamten Werkes über dieses Medium anbietet, um es an eine möglichst große Zahl von Interessenten heranzutragen.

Da eine Übertragung von noch nicht bekannten Nutzungsarten unwirksam ist (§31 Abs. 4 UrhG), stellt sich die Frage, ob Multimedia eine neue Nutzungsart ist oder nur eine technische Art der Aufbereitung. Vertritt man letztere Meinung, so gilt das Nutzungsrecht dazu durch den Vertrag als übertragen, weil die Einspeicherung eines Werkes nicht seinen urheberrechtlichen Charakter verändert, sondern lediglich eine Vervielfältigungshandlung darstellt.

Fraglich ist, wie das Bereitstellen von Texten und Bildern im Internet gesetzlich zu werten ist. Die online übertragenen Daten erfüllen nicht die Voraussetzungen einer Verbreitungshandlung im Sinne des §17 UrhG, da sie keine körperlichen Werkstücke sind, sondern vielmehr eine Wiedergabe in unkörperlicher Form darstellen. In Betracht kommt hier vielmehr das Recht, das Werk in unkörperlicher Form öffentlich wiederzugeben (§15 Abs. 2 UrhG). Nach §15 Abs. 3 UrhG ist eine Wiedergabe öffentlich, wenn eine Mehrzahl von Personen gleichzeitig erreicht wird. Dies ist beim Abruf von Daten zu verneinen, da hier ein sukzessiver Abruf stattfindet. Deshalb ist eine Online-Übertragung keine „öffentliche Wiedergabe". Jedoch könnte man die Online-Übertragung als eine gesetzlich nicht geregelte Art der „öffentlichen Wiedergabe" betrachten, die dem Urheber durch eine entsprechende Anwendung des §15 Abs. 2 das umfassende Recht zur „öffentlichen Wiedergabe" seines Werkes gibt.

Ergänzend zu den rechtlichen Aspekten sei an dieser Stelle auch darauf hingewiesen, dass das Internet nach den bisherigen Erfahrungen nur sehr bedingt als Alternative zu gedruckten Informationen dienen kann. Bietet das Internet für aktuelle Informationen, für bestimmte Arten katalogähnlich strukturierten Wissens mit geringen Anforderungen an die bildliche Darstellung oder für wissenschaftliche Veröffentlichungen ein hervorragendes Verbreitungsmedium (im Sinne einer Datenbank mit Abrufmöglichkeit), so kann es für die Masse der Zeitschriften und Bücher höchstens eine ergänzende, hinweisende Funktion übernehmen, da der Komfort in der Darbietung für den Nutzer bei umfangreichen Informationseinheiten äußerst gering ist. Auch ist die mediengerechte Aufbereitung von Informationen für das Internet nicht grundsätzlich kostengünstiger, sondern unter Umständen sogar weitaus teurer als die Verbreitung in gedruckter Form.

9 Arbeitstechniken

Welche Art von Text auch immer man schreibt, zwei Dinge sind dafür von elementarer Bedeutung, Kreativität und Zeitplanung. Um Ihnen den Einstieg in die für Sie passenden Methoden zu erleichtern, finden Sie in diesem Kapitel eine Kurzfassung bewährter Arbeitstechniken. Der Schwerpunkt liegt auf solchen Arbeitstechniken, die sich auch von einzelnen Personen anwenden lassen. Doch denken Sie daran, wenn Sie Ideen sammeln, Texte strukturieren oder Ziele vereinbaren, auch Kollegen, Experten oder Bekannte zu befragen. Denn je umfassender Sie sich informieren, desto besser können Sie sich einarbeiten und umso leichter wird Ihnen der eigentliche Prozess des Schreibens fallen.

Auch Autorenteams möchten wir die erprobten Arbeitstechniken empfehlen: Probieren Sie aus, ob Sie Ihre Arbeit optimieren können, wenn Sie an den entsprechenden Stellen Brainstorming betreiben, das Utopiespiel oder die 6-Hüte-Methode einsetzen.

Aber bevor wir uns konkret den einzelnen Techniken zuwenden, sollten wir uns erst einmal der Frage zuwenden: *Was ist eigentlich Kreativität?* Wer weiß, wie Kreativität funktioniert, der kann Kreativitätstechniken erfolgreicher anwenden.

9.1 Kreativität als Prozess

Oft scheint es uns, dass man Kreativität als eine Fähigkeit zu verstehen hat, völlig Neues scheinbar aus dem Nichts heraus zu produzieren. In Wirklichkeit hat Kreativität aber mit Erfahrung zu tun und ist zu einem guten Teil auch erlernbar. Definieren könnte man sie etwa folgendermaßen:

Kreativität bedeutet einen ökonomischen, kunstfertigen Prozess der Schaffung geeigneter Lösungsvorschläge unter Nutzung unterschiedlichster Verfahren, gekoppelt mit einem leistungsfähigen Bewertungsprozess, der im richtigen Moment sagt, dass man „zupacken“ muss.

Wenn wir nach der Lösung eines Problems suchen, durchlaufen wir häufig einen Prozess, der sich in vier Phasen aufteilen lässt: Vorbereitung, Überlegung, Einsicht/Erleuchtung und Verwirklichung.

Phase 1: Vorbereitung

Diese Phase reicht von der Entdeckung des Problems bis zum Ansammeln von Fakten.

Phase 2: Überlegung

In dieser Phase durchdenken wir das Problem bewusst und absichtlich, gleichzeitig gibt es aber im Gehirn unbewusste Vorgänge, die die Lösung beeinflussen. Dabei werden Informationen aus ihrem ursprünglichen Zusammenhang gelöst und neue Zusammensetzungen vorgenommen. Man kann diese Phase auch dadurch unterstützen, dass man bewusst versucht, Abstand von der Problemstellung zu gewinnen.

Phase 3: Einsicht/ Erleuchtung

Der Weg zur Lösung nimmt jetzt im Bewusstsein Gestalt an. Wir nennen ihn z.B. Gedankenblitz, Einfall, Idee, Eingebung oder Intuition. Wir können diesen Prozess selbst kaum beeinflussen, was man daran sehen kann, dass die „Ideen" oft in einem Moment kommen, in dem wir uns nicht bewusst mit dem Problem befassen.

Phase 4: Verwirklichung

Nun wird die Idee auf ihre Brauchbarkeit hin präzisiert und bewertet. Dabei ist es oft nicht einfach, das, was man selbst erkannt hat, so aufzubereiten, dass auch andere es verstehen.

Wenn man den Denkprozess auf diese Art und Weise betrachtet, wird deutlich, dass insbesondere bei den Punkten

- Problemerkennung (Aufgeschlossenheit für das Erkennen von Schwierigkeiten und Erweitern des Wahrnehmungsumfelds) und
- Entwicklung mehrerer Lösungsansätze

Kreativitätstechniken von Nutzen sein können. Dadurch, dass bei ihnen die Einsichtsphase (als echte schöpferische Phase) von der Verwirklichungsphase (also der kritischen Überprüfung und Ausscheidung) abgetrennt ist, wird ein vorzeitiges, oft zu frühes Bewerten von Lösungsansätzen verhindert.

9.2 Brainstorming

Brainstorming lässt sich charakterisieren als das *„hemmungslose Produzieren von Ideen zu einem klar umrissenen Ziel"*. Ist das Ziel nicht klar, wird auch das Brainstorming selbst wenig erfolgreich sein. Das „echte" Brainstorming ist eine Arbeitstechnik für eine Gruppe, aber modifiziert kann es auch sehr nutzvoll sein, wenn man es allein praktiziert.

9.2.1 Brainstorming in der Gruppe

Hier finden sich mehrere Personen zu einem bestimmten Thema zusammen, das aber nicht zu weit gefasst sein sollte, weil sonst ein „Fokussieren“ der Ideen nicht mehr möglich ist. Wichtig dabei ist auch, dass in der Gruppe ein kooperatives Klima herrscht. Nur so lassen sich Hemmungen vermeiden, eventuell nicht gleich überzeugende Gedanken zu äußern.

Folgende Grundregeln gelten für Brainstorming-Sitzungen:

Regel 1: *Möglichst viele Ideen produzieren!*
Regel 2: *Jegliche Kritik ist zurückzustellen!*
Regel 3: *Der Phantasie keine Grenzen setzen!*
Regel 4: *Ideen anderer aufgreifen!*

Brainstorming wird normalerweise in drei Abschnitten durchgeführt: Vorbereitung, Durchführung und Auswertung.

Vorbereitung

Eine Brainstorming-Sitzung sollte man nicht spontan einberufen, sondern entsprechend vorbereiten. Das Ziel sollte klar umrissen, der teilnehmende Personenkreis sorgfältig ausgewählt und das Thema rechtzeitig vorher bekanntgegeben sein. So können die Teilnehmer sich (auch im Unterbewusstsein) schon gedanklich darauf einstimmen. Ein Brainstorming sollte mindestens drei und nicht mehr als zwölf Teilnehmer haben. Befruchtend wirkt oft auch die Teilnahme von Personen aus unterschiedlichen Arbeitsgebieten.

Durchführung

Für das Festhalten der Ideen hat sich wahrscheinlich die Kärtchentechnik am besten bewährt. Dabei schreiben die Teilnehmer ihre Ideen individuell auf eigene Kärtchen, die dann vom Moderator auf einer Planungstafel thematisch gruppiert werden. In einer anschließenden, dem besseren Verständnis dienenden Durchsprache können die Ideen besser formuliert werden, unter Umständen entstehen bei dieser Durchsprache auch noch neue Ideen.

Auswertung

Die Auswertung selbst braucht nicht gleich anschließend an die Brainstorming-Sitzung vorgenommen werden. Alle Ideen werden noch einmal genauer zu Themenkomplexen zusammengefaßt, am Thema vorbeigehende Ideen werden ausgesondert. Das vorliegende Ergebnis ist für alle Teilnehmer zu dokumentieren.

9.2.2 Brainstorming für eine Person

In diesem Abschnitt beschreiben wir eine Drei-Schritt-Methode, wie sie ähnlich von Vera F. Birkenbihl veröffentlicht wurde. Wichtig dabei ist: *Sie dürfen nichts zensieren!*

Nur wenn Sie nichts von dem zurückhalten, was Ihnen einfällt, kann sich Ihre Kreativität voll entfalten.

Ideen sammeln

Schritt 1: Sie notieren jeden Ihrer Einfälle auf ein einzelnes Kärtchen – so lange, bis Ihnen nichts mehr einfällt. Es kann sein, dass es nur ein paar Einfälle sind oder auch mehrere Dutzend, das spielt keine Rolle.

Reihenfolge verändern

Schritt 2: Jetzt geht es darum, dass Sie Aspekte miteinander verbinden, die normalerweise nicht verbunden worden wären, wenn Sie nicht weitergedacht hätten. Deshalb mischen Sie alle Kärtchen kräftig durcheinander.

Neu assoziieren

Schritt 3: Nehmen Sie nun je zwei der Kärtchen, blicken auf die beiden und notieren auf einem großen Blatt Papier so spontan wie möglich, was Ihnen zu der Verbindung jeder der Stichwortkombinationen einfällt.

Das funktioniert nicht nur, wenn Sie nach neuen Ideen fahnden, sondern auch z.B. für die Zieldefinition, bei der Suche nach guten Überschriften, nach neuen Bezeichnungen, nach Schlagwörtern, Zielgruppen usw. Und Sie werden sehen: Es macht Spass!

9.3 Utopiespiel

Das Utopiespiel bietet die Möglichkeit, einem Brainstorming, welches in eine Sackgasse geraten ist, wieder genügend kreativen Freiraum zu geben. Außerdem kann es eine hervorragende Quelle neuer, zukunftsweisender Ideen für Autorenteams darstellen. Und, nicht zu vergessen: Sie können die Attraktivität Ihrer Publikation steigern, wenn sie nicht nur den Status quo beschreibt, sondern auch wegweisend für Zukunft ist. Je nach Art der Publikation kann der Zeithorizont Wochen, Monate oder Jahre in der Zukunft liegen.

Neue Realitäten durch Utopien

Verlassen Sie also bewusst die bestehende Realitätsbasis, um mit Hilfe eines unbeschwerten Gedankenspiels in der Zukunft auf neue und noch nie angedachte Ideen zu stossen, die dem normalen Realitätsbewußtsein verschlossen sind, z.B.:

- Wie kommunizieren die Menschen im Jahr 2010?
- Was wäre, wenn es keine Autos mehr gäbe?
- Wie kämen wir ohne Büros zurecht?
- Wie sieht unser Beruf in 20 Jahren aus?

Lassen Sie sich 20 bis 30 Minuten Zeit, um Ihre Utopie zu ersinnen. Sind an dem Utopiespiel mehr als 4 Personen beteiligt, sollten Sie kleinere Gruppen bilden, die anschließend an die kreative Phase ihre Ergebnisse in der großen Runde präsentieren. Nach der Präsentation werden die einzelnen Modelle von den Teilnehmern bewertet. Dabei ergeben sich meist sehr viele unkonventionelle Denkanregungen, die zu einem horizonterweiternden Problemlösungsprozess führen können.

Wenn es die Zahl der Teilnehmer möglicht macht, sollte jede Gruppe einen Moderator haben. Und noch ein Tipp: Dokumentieren Sie Ihre Ergebnisse, falls Sie sie nicht gleich nutzen können, z.B. in einem „Kreativitätsordner“.

9.4 Inhalte strukturieren

Ein längeres Dokument, z.B. einen Fachartikel, ein ausführliches Angebot, ein längeres Protokoll, eine Dokumentation, ein Buch oder andere ausführliche Texte sollten Sie immer erst ausformulieren, nachdem Sie einen Gliederungsentwurf angefertigt haben, der Ihnen alle wesentlichen Stichpunkte liefert – es sei denn, das Schreiben derartiger Texte ist für Sie ein alltäglicher Akt.

Ein Text kann sehr vielschichtig sein – in Fachbüchern sind z.B. fünf Gliederungsebenen keine Seltenheit – und sollte daher von vorneherein optimal strukturiert sein, d.h. so, dass er logisch aufgebaut ist und mit möglichst wenigen Ebenen auskommt. Hierbei sollten Sie sich immer daran orientieren, dass der Leser, auch wenn er Fachmann ist, Texte einfacher erfasst, wenn die inhaltliche Struktur für ihn an jeder Stelle nachvollziehbar ist.

Zudem ist es auch von immenser Bedeutung, an welcher Stelle welche Information präsentiert wird. Wollen Sie z.B. jemanden vom Nutzen eines Produkts überzeugen, dann erklären Sie ihm logischerweise zuerst die Vorteile und sagen ihm dann, was es kostet – sonst interessiert er sich unter Umständen gar nicht mehr für die Vorteile.

Denken Sie also beim Strukturieren immer auch an den Zweck jeder einzelnen Information und an das Ziel, das Sie mit Ihrem Text verfolgen!

Die nächsten beiden Abschnitten bieten Ihnen zwei Methoden zum Strukturieren von Inhalten, die „Ideenkarten" und die Clustermethode.

9.4.1 Ideenkarten

Sammeln, sortieren

Schreiben Sie alle relevanten Inhalte, jedes Thema, jedes Stichwort, jede Idee, jeden Sachverhalt auf eine Karteikarte oder ein kleines Blatt Papier. Wenn Sie damit fertig sind, strukturieren Sie die Ideenkarten: Bilden Sie Gruppen zusammengehörender Karten, stellen Sie Untergruppen her, unter Umständen sogar Untergliederungen dieser Untergruppen, und sortieren Sie schließlich alles in die richtige Reihenfolge.

Umsortieren, ergänzen

Dabei stellt sich häufig heraus, dass einzelne Stichworte in andere Gruppen besser passen als in die, in welche Sie sie ursprünglich einsortiert haben. Sortieren Sie also dementsprechend um oder machen Sie zwei Karten für das Stichwort und merken Sie sich gleich vor, an welcher der möglichen Stellen im Text Sie später ausführlicher auf das Stichwort eingehen wollen und an welcher Stelle weniger ausführlich. Wenn Sie einzelne Gruppen inhaltlich zusammenfassen können, schreiben Sie Kärtchen mit Überschriften und setzen Sie sie an die dementsprechende Stelle.

Wenn Ihnen schließlich keine Änderungen oder Ergänzungen mehr einfallen, dann ist die Aufgabe gelöst: Sie haben den fertigen Gliederungsentwurf.

Exposee, Drehbuch

Wenn Sie lange Texte verfassen, bietet es sich auch an, diese Methode in mehreren Stufen einzusetzen. So können Sie, ausgehend von der Grobstruktur, den Text immer feiner gliedern, bis hin zu den Inhalten einzelner Absätze. Wenn Sie soweit sind, dann haben sie ein vollständiges Exposee, eine Art „Drehbuch" für Ihr Manuskript.

Einfache Strukturen können Sie natürlich auch am PC erfassen und umsortieren, aber wenn es über eine bestimmte Zahl von Stichpunkten hinausgeht, wird es am Bildschirm schnell unübersichtlich. Der fertige Gliederungsentwurf lässt sich wiederum am PC hervorragend bearbeiten.

9.4.2 Clustermethode

Eine verwandte Methode zu den „Ideenkarten“ besteht darin, die Stichwörter nach freier Eingebung auf einem möglichst großen Blatt zu notieren (A4 ist meist zu klein).

Sammeln, clustern

Sie schreiben die Stichpunkte in lockerer Anordnung auf das Blatt. Bestimmte Begriffe haben eine übergeordnete Bedeutung, ihnen lassen sich andere Begriffe zuordnen. Zusammengehörendes schreiben Sie näher zusammen als Nicht-Zusammengehörendes und beginnen schließlich damit, Zusammengehörigkeiten durch Umfahren mit Umrisslinien zu betonen. So entstehen Flächen von Stichwortclustern.

Struktur verfeinern

In der nächsten Stufe können Sie das Ergebnis der ersten Stufe weiter ausbauen und die sich ergebende Struktur verbessern und verfeinern. Sie können Verbindungslinien zwischen Dingen ziehen, die eng zusammengehören, und die Enden mit Pfeilspitzen versehen, um Abfolgen herzustellen.

Clustermethode fördert Prozessdenken

Vor allem Menschen mit stark visuellem Gedächtnis kommen mit dieser Methode wahrscheinlich leichter zurecht als mit den Ideenkarten. Sie gibt mehr Raum für Kreativität, fördert das Denken in Prozessen und ist damit natürlich auch geeignet, Arbeitsabläufe zu strukturieren.

9.5 Die 6-Hüte-Methode

Wir wollen an dieser Stelle einen Ausflug machen – weg von den Arbeitstechniken, die zum Sammeln und Strukturieren benötigt werden, hin zu einer Methode, die Ihnen Gelegenheit gibt, mit Kollegen effizient und fair zu diskutieren. Mit dieser Methode können Sie (auch allein) Hintergründe erschließen und positive und negative Aspekte von Ideen, Inhalten und Strategien deutlich herausarbeiten – was natürlich auch für Konzepte und Inhalte von Veröffentlichungen gilt.

Die 6-Hüte-Methode hilft, den Stoff von Diskussionen weitgehend von den individuellen Charaktereigenschaften und Verhaltensweisen der beteiligten Personen zu lösen: Traditionelles Rollenverhalten, Drang zur Verteidigung der bezogenen Position, mangelndes Vermögen, andere Standpunkte anzuhören und zu akzeptieren sowie das Unterdrücken von Gefühlen spielen bei der 6-Hüte-Methode nur noch eine untergeordnete Rolle. Und wenn Sie die Methode allein anwenden, werden Sie im Normalfall zu einem neutraleren Ergebnis kommen, als wenn Sie Ihr Thema unstrukturiert angehen.

Die 6 Denkhüte

Die Idee, die hinter der von Edward de Bono entwickelten 6-Hüte-Methode (siehe Literaturverzeichnis) steckt, ist einfach: Nicht mehr unstrukuriert drauf los diskutieren, sondern der Reihe nach verschiedene Aspekte des Themas gemeinsam besprechen. Damit man sich's leichter merken kann, werden diesen Aspekten farbige Hüte zugeordnet:

Weiß:
neutral, objektiv

Unter dem weißen Hut sind ausschließlich Informationen, Daten und Fakten gefragt – keine Interpretationen, Meinungen, Vermutungen oder Vorschläge.

Themen: Welche Informationen haben wir? Welche Daten spielen eine Rolle? Wie sicher sind sie? Wie können wir sie erhärten? Welche weiteren Informationen brauchen wir? Wie können wir sie beschaffen? Nennen Sie ruhig auch umstrittene Informationen, aber geben Sie die Quelle an!

Rot:
Feuer,
Emotionen

Mit dem roten Hut geht es um Gefühle, Intuition, Ahnungen und Ängste, um Eindrücke also, die man nicht rational erklären kann. Keine Begründungen oder Rechtfertigungen!

Ist Ihnen mulmig oder sind Sie begeistert? Vertrauen sie den vorgebrachten Argumenten? Sagen Sie in wenigen Worten, was Sie fühlen, wenn es zum Thema gehört! Zum Beispiel: „Trotz allem habe ich ein gutes Gefühl bei der Sache."

Schwarz:
Vorsicht, Kritik

Themen des schwarzen Huts sind: Risiken, Gefahren, Bedenken oder Einwände. Was kann schief gehen? Gefragt sind kritische Urteile. Negative Gefühle dagegen gehören zum roten Hut.

Wo sehen Sie Risiken? Was ist falsch oder unsinnig? Wo gibt es Widersprüche? Warum kann es nicht funktionieren? Gibt es rechtliche Einwände? Spricht die Erfahrung dagegen? Finden Sie nüchtern und sachlich die negativen Seiten heraus!

Gelb:
Sonne,
Optimismus

Der gelbe Hut bedeutet: Positives Denken ist angesagt.

Welche Vorteile hat die diskutierte Idee? Welche Chancen bietet sie? Wie läßt sie sich am besten realisieren? Gibt es Synergien? Wo liegen Vorteile, an die noch keiner gedacht hat? Wie können wir die positiven Argumente in die Tat umsetzen, wie Risiken mindern?

Der grüne Hut verlangt Kreativität: Neue Ideen, zusätzliche Alternativen. Es geht darum, das Thema weiterzuentwickeln und neue Chancen zu eröffnen.

Grün:
Natur, Wachstum

Wie können wir die Idee weiterentwickeln? Könnten wir das Ziel auch anders erreichen? Wie? Was könnten wir anders machen, was besser?

Und unter dem blauen Hut geht es nicht um die Sache selbst, sondern den Umgang mit ihr, um Vorschläge zum Vorgehen und die Zusammenfassung der Ergebnisse.

Blau:
Himmel, Überblick

Was genau wollen wir erreichen? Gehen wir in der Diskussion zielführend vor? Halten wir uns an die Regeln? Haben wir alle Aspekte beleuchtet? Welcher Hut sollte noch einmal aufgesetzt werden? Fassen Sie zusammen und klären Sie gemeinsam, wie es weitergehen soll.

Warum die Methode wirkt

Alle tragen zur gleichen Zeit den gleichen Hut. Unter dem schwarzen Hut zum Beispiel ist jeder aufgefordert, über Gefahren und Bedenken zu sprechen. Oder unter dem gelben Hut suchen alle nach Vorteilen – auch die permanenten Kritiker. Jeder Einzelne nimmt so gleichzeitig mit den Anderen verschiedene Rollen an. Wer nichts beitragen kann oder will bleibt still.

Die 6 Hüte bündeln die Kräfte der Gruppe, sie machen es möglich, das beste Ergebnis zu finden, da zur gleichen Zeit alle Teilnehmer in die gleiche Richtung denken. Schritt für Schritt lassen sich die wichtigen Gesichtspunkte abarbeiten, und es ergibt sich ein klareres und vollständigeres Bild, als wenn jeder nur über einen Teil der Sache nachgedacht hätte. Auch die Emotionen haben dabei ihren Platz.

Wie man's macht

Wollen Sie die Hüte systematisch einsetzen (was Sie fast immer tun sollten, wenn Sie die Methode allein nutzen, denn nur dann sind Sie sicher, keinen wesentlichen Aspekt zu vergessen), dann legen Sie bzw. der Diskussionsleiter eine Abfolge von Hüten fest und diskutieren jeweils für mehrere Minuten einen Aspekt. Folgende Regeln haben sich dabei als sinnvoll erwiesen:

- Am Anfang und Ende ist der blaue Hut sinnvoll. Man kann aber auch mit dem weißen, roten oder gelben Hut beginnen.
- Nach dem schwarzen Hut sollte der grüne folgen, damit Sie Ideen finden, wie die unter dem schwarzen Hut genannten Probleme zu überwinden sind.

- Je nach der Zielsetzung der Diskussion können statt dem blauen auch der grüne, rote oder der schwarze Hut einen guten Abschluss bilden.

Sie können die Hüte aber auch einzeln verwenden, z.B. wenn Sie in einer laufenden Besprechung die bestehenden Denkmuster aufbrechen oder neue Denkweisen anstoßen wollen: „Setzen wir uns doch mal alle für ein paar Minuten den grünen Hut auf!“ oder „Unter dem schwarzen Hut sehe ich das so: ...“

Wenn Sie sich näher mit den 6 Denkhüten befassen wollen, können Sie sich in einem der Bücher de Bonos umsehen. Bei Siemens z.B. gibt es auch Trainer, die die Methode schulen können.

9.6 Die persönliche Zeitplanung

Was helfen hervorragendes Fachwissen, höchste Motivation oder exakte Zieldefinition, wenn „die Zeit nicht ausreicht“ oder, besser formuliert, „die zu bearbeitenden Aufgaben in der zur Verfügung stehenden Zeit nicht erledigt werden können.“

9.6.1 Packen Sie's an!

Der erste Schritt

Liest man etwas über Zeitplanung, so sieht alles oft so einfach und selbstverständlich aus, dass es fast überflüssig erscheint, sich damit zu befassen. Wichtig ist der Entschluss, es zu tun! Als erster Schritt eignet sich wegen der guten Überschaubarkeit am ehesten der Tagesplan. Perfektionismus ist dabei nicht angebracht, aber Konsequenz. Denn hier gilt eindeutig „aus den Augen, aus dem Sinn“.

Was tun bei Problemen?

Wenn die Planung nicht so funktioniert, wie es sein sollte, überlegen Sie Alternativen:

- Fragen Sie sich: Muss ich es tun? Muss ich es jetzt tun? Muss ich es so tun?
- Überprüfen Sie die Prioritäten,
- delegieren Sie oder lassen Sie sich zuarbeiten,
- teilen Sie Aufgaben in Teilaufgaben und prüfen Sie, ob nicht vorerst Teilergebnisse ausreichen,
- verschieben Sie „Kann-Aufgaben“ und
- rationalisieren Sie die Abwicklung, denken Sie in Prozessen.

Unter Umständen hilft auch flexiblere Arbeitszeit: Nutzen Sie ruhige Stunden im Büro oder arbeiten Sie bei Bedarf mal ein paar Tage abends länger, um nach Erledigung der dringenden Aufgaben wieder mehr Freizeit genießen zu können. Denn das beste Zeitmanagement versagt, wenn Sie vergessen, auch das zu tun, was

- Ihnen Spaß macht,
- Sie (beruflich oder privat) Ihren persönlichen Zielen näherbringt und
- Ihnen einen Ausgleich zur Arbeit verschafft.

Auf das Wichtige konzentrieren

Vergessen Sie nicht, dass es oft die Summe vieler „Kleinigkeiten" ist, die Sie unter Termindruck setzen kann: Zu lange Telefonate mit freundlichen (oder unfreundlichen) Menschen, ineffiziente Besprechungen oder solche, bei denen Sie unter Umständen gar nicht gebraucht werden, oder vielleicht der Smalltalk über die 60er und die Bayern. Aber denken Sie auch daran, dass, wer sich selbst zu stark unter Druck setzt, meist nicht in der Lage ist, seine Fähigkeiten voll zu nutzen. Und beachten Sie, dass ein geraumer Teil der täglichen Arbeitszeit für unerwartete Aktionen reserviert werden muss.

Überschätzen Sie also keinesfalls Ihre Kapazität!

Zeitplanung ist individuell

Zeitplanung ist eine individuelle Angelegenheit. Dieses Kapitel soll Ihnen Ideen und Anregungen geben, wie Sie eine konsequente Zeit- und Aufgabenplanung anpacken können, auf die persönlichen Bedürfnisse anpassen und umsetzen müssen Sie sie selbst. Es gibt eine Unmenge Literatur über Zeitplanung, die Ihnen insbesondere behilflich sein kann, wenn Sie größere Projekte planen.

Aktive Zeitplanung heisst, nicht zu fragen „Was geschieht im Planungszeitraum?", sondern den Ablauf selbst zu gestalten.

9.6.2 Tagesplanung

Resümieren

Es sind nur wenige Minuten, die zu einem geregelten Tagesablauf verhelfen können. Bevor Sie nach Hause gehen, sollten Sie (z.B. durch Abhaken im Tagesplan) festhalten, was Sie an diesem Tag erledigt haben und was liegengeblieben ist. Sie sollten sich dabei auch klarmachen, warum Sie nicht alles erledigen konnten (Zu viele Tätigkeiten, zu großer Zeitaufwand, unerwartete Störungen?).

Planung fortschreiben

Nun planen Sie den nächsten Tag (z.B. im Terminkalender oder Zeitplaner), überlegen, an welchen Tagen Sie evtl. unerledigte Aufgaben von heute erledigen können und halten auch diese schriftlich fest. Dabei sind zu berücksichtigen: neue Aufgaben, periodische oder Routineaufgaben, Zeitbedarf. Sind die „Zeitreserven" erschöpft, ist die Zeitschätzung noch einmal zu prüfen, zu überlegen, wer außer Ihnen Aufgaben oder Teilaufgaben übernehmen kann, ob alle Vorbereitungen für den nächsten Tag getroffen bzw. alle Unterlagen vorhanden sind und ob Termine verschoben werden müssen. Ist dann der Zeitbedarf immer noch zu hoch, sind die Prioritäten zu ändern oder die Kapazität zu erhöhen.

Kalender benutzen

Nutzen Sie für die Terminplanung am besten den Kalender eines Zeitplansystems. Termine und Aufgaben des aktuellen Monats tragen Sie in die Tagesübersicht ein. Dieser Teil des Zeitplaners hat meist eine Seite für jeden Tag oder zwei Seiten für eine Woche.

Was in weiterer Ferne liegt, kommt in das Übersichtskalendarium (meist ein Kalender mit einer Seite je Monat) und wird zu Beginn des jeweiligen Monats in die Tagesübersicht übernommen. Gemeinsame (Abteilungs-)Termine können auch im PC-Netz oder auf einem Infoboard angekündigt werden, aber nehmen Sie sie auf jeden Fall auch in Ihre persönliche Zeitplanung auf.

9.6.3 Langzeitplanung

Prioritäten setzen

Wenn Sie an langfristigen Projekten arbeiten, machen Sie sich einen Langzeitplan. Je nach Art Ihrer Aufgabenstruktur sollten Sie den Langzeitplan (im Allgemeinen ist dies ein Jahresplan) weiter untergliedern in Quartals-, Monats-, Wochen- und Tagespläne. Seien Sie dabei ehrlich, versuchen Sie alle Aufgaben zu erfassen und setzen Sie Prioritäten, welche Vorhaben (z.B. auf Grund von Aufträgen) unabdingbar sind, welche von besonderer strategischer Bedeutung und welche persönliche „Wunschvorhaben". Übrigens sind wichtige Aufgaben oft nicht dringend (z.B. ein neues Marketingkonzept), dringende (z.B. das Lesen von Umläufen) hingegen häufig nicht sehr wichtig. Was für Sie nicht so wichtig oder dringend erscheint, kann es aber für Ihre Kollegen sehr wohl sein. Stimmen Sie sich also mit Ihren Partnern ab!

Rechnen Sie „rückwärts": *„Wenn ich mit dem Projekt oder einer Teilaufgabe zum vorgegebenen Zeitpunkt fertig sein muss, wann muss ich spätestens damit beginnen?"*

Rückwärts rechnen

Feststehende oder absehbare zeitliche Inanspruchnahmen (Sitzungen, Routinearbeiten, Weiterbildung usw.) sind möglichst früh zu berücksichtigen und – auf die entsprechenden Zeiträume verteilt – in die Zeitplanung zu übernehmen. Und wenn Sie in einem Team arbeiten, dann sollten Sie diese Zeiträume gemeinsam für alle abschätzen!

Fest verplante Zeiträume

Vergleichen Sie regelmäßig den tatsächlichen Ablauf des Planungszeitraums mit Ihrer ursprünglichen Zeitplanung! So kommen Sie zu realistischeren Zeitschätzungen für die Zukunft und können weitere bestehende Planungen modifizieren.

Analyse

Literaturverzeichnis

Alteneder, Andreas: Der erfolgreiche Fachvortrag. Erlangen: Publicis MCD, 1996.

Birkenbihl, Vera F.: Stroh im Kopf? Oder: Gebrauchsanleitung fürs Gehirn. 9. Auflage. Bremen: Gabal, 1993.

Burghardt, Manfred: Einführung in Projektmanagement. Erlangen: Publicis MCD, 1995.

Burghardt, Manfred: Projektmanagement. 3. Aufl. Erlangen: Publicis MCD, 1995.

de Bono, Edward: Das Sechsfarbendenken – ein neues Trainingsmodell. Düsseldorf: Econ, 1987.

de Bono, Edward: Six Thinking Hats. London: Penguin, 1990.

Delp, Ludwig; Lutz, Peter: Der Verlagsvertrag. 6. Auflage München: C.H. Beck, 1994.

Der Duden, Bd. 1: Rechtschreibung der deutschen Sprache. 21. Aufl. Mannheim: Bibliographisches Institut, 1996.

Der Duden, Bd. 9: Richtiges und gutes Deutsch. 3. Aufl. Mannheim: Bibliograpisches Institut, 1985.

Die neue deutsche Rechtschreibung. München: Bertelsmann Lexikon, 1996.

DIN 1421. Gliederung und Benummerung in Texten. Januar 1983.

DIN 16511. Korrekturzeichen. Januar 1966.

Ebel, Hans F.; Bliefert, Claus: Schreiben und Publizieren in den Naturwissenschaften. 3. Aufl. Weinheim: VCH, 1993.

Hackl, Heinz: Praxis des Selbstmanagements. München: Siemens, 1994.

Heinold, Ehrhardt: Bücher und Büchermacher. 4. Aufl. Heidelberg: Hüthig, 1993.

Heller, Klaus: Rechtschreibung 2000. Stuttgart: Klett, 1996.

Hoffmann, Walter; Hölscher, Brigitte G.: Erfolgreich beschreiben – Praxis des Technischen Redakteurs. 2. Aufl. Erlangen: Publicis MCD, 1994.

Loewenheim, Ulrich: Urheberrechtliche Grenzen der Verwendung geschützter Dokumente in Datenbanken. Stuttgart: Schäffer-Poeschel, 1994.

Neumann, Rudolf: Zielwirksam schreiben. 4. Aufl. Grafenau/Württemberg: expert, 1994.

Organisationsplanung. München: Siemens, 1992.

Radermacher, Franz Josef: Kreativität – das immer neue Wunder. Forschung & Lehre 10/95.

Schalten, Schützen, Verteilen in Niederspannungsnetzen. 4. Aufl. Erlangen: Publicis MCD, 1997.

Schricker, Gerhard (Hrsg.): Urheberrecht Kommentar. 2. Aufl. München: C.H. Beck, 1993.

Seiwert, Lothar J.: Das neue 1x1 des Zeitmanagements. 17. Aufl. Bremen: Gabal, 1995.

Wenzel, Karl Egbert: Urheberrecht für die Praxis. 3. Aufl. Stuttgart: Schäffer-Poeschel, 1996.

Winkelmann, Rolf: Softwareentwicklung. 8. Aufl. Erlangen: Publicis MCD, 1996.

Stichwortverzeichnis